Hugo Franz von Brachelli

Statistische Skizze des norddeutschen Bundes,

der süddeutschen Staaten, des Großherzogthums Luxemburg und des

deutschen Zoll und Handelsverein 1868

Hugo Franz von Brachelli

Statistische Skizze des norddeutschen Bundes,
der süddeutschen Staaten, des Großherzogthums Luxemburg und des deutschen Zoll und Handelsverein 1868

ISBN/EAN: 9783743466531

Hergestellt in Europa, USA, Kanada, Australien, Japan

Cover: Foto ©ninafisch / pixelio.de

Weitere Bücher finden Sie auf **www.hansebooks.com**

Statistische Skizze

des

Norddeutschen Bundes,

der Süddeutschen Staaten

und

des Großherzogthums Luxemburg.

Von

Dr. H. F. Brachelli,

k. k. Professor der Statistik, des österr. Verfassungs- und Verwaltungsrechts am k. k. polytechnischen Institute
zu Wien u. u.

Abdruck aus der siebenten Auflage von
Stein und Hörschelmann's Handbuch der Geographie und Statistik.

Leipzig,
Verlag der J. C. Hinrichs'schen Buchhandlung.
1868.

Statistische Skizze
des Norddeutschen Bundes, der Süddeutschen Staaten und des Großherzogthums Luxemburg 1868.

I. Norddeutscher Bund.
Flächeninhalt und Bevölkerung.

Das Gebiet des Norddeutschen Bundes besteht aus den Staaten Preußen mit Lauenburg, Sachsen, Mecklenburg-Schwerin, Sachsen-Weimar, Mecklenburg-Strelitz, Oldenburg, Braunschweig, Sachsen-Meiningen, Sachsen-Altenburg, Sachsen-Koburg-Gotha, Anhalt, Schwarzburg-Rudolstadt, Schwarzburg-Sondershausen, Waldeck-Pyrmont, Reuß älterer und jüngerer Linie, Schaumburg-Lippe, Lippe, Lübeck, Bremen, Hamburg und aus den nördlich vom Main belegenen Theilen des Großherzogthums Hessen (Provinz Oberhessen mit den rheinhessischen Orten Kastel und Kostheim). Flächeninhalt, Bevölkerung nach der Volkszählung vom 3. Decbr. 1864 (für Mecklenburg v. 12. Nov. 1866, für Hamburg v. 3. Dec. 1866, für Lübeck u. Bergedorf v. 1. Sept. 1862) u. nach der Zählung vom 3. Decbr. 1867 (diese nach den diesfalls vom kön. preuß. statistischen Büreau veröffentlichten vorläufigen Hauptresultaten) u. Volksdichtigkeit sind aus folgender Uebersicht zu entnehmen:

Bundesstaaten.	Geogr. Qu.-Meilen	Bevölkerung am 3. Dec. 1864. Männliche	Weibliche	Zusammen	auf 1 QM.	Bevölkerung 3. Dec. 1867.
1. Königreich Preußen.						
a) Alte Landestheile	5071,33	9,590,377	9,678,530	19,269,397¹	3800	19,683,283
Provinz Brandenburg	724,40	1,318,431	1,297,662	2,616,583¹	3612	2,716,135
= Pommern	574,83	713,732	723,643	1,437,375	2500	1,451,944
= Sachsen²	458,30	1,019,228	1,025,253	2,044,451	4461	2,066,090
= Schlesien	731,19	1,693,597	1,817,109	3,510,706	4801	3,585,765
= Posen	525,44	746,485	777,244	1,523,729	2900	1,536,184
= Preußen	1179,03	1,484,783	1,529,812	3,014,595	2557	3,089,677
= Westfalen	366,63	846,632	819,949	1,666,591	4552	1,708,274
= Rheinland³	490,61	1,707,814	1,652,133	3,359,947	6855	3,454,152
Regier.-Bezirk Hohenzollern	21,15	31,292	33,666	64,958	3071	64,618
Jahde-Gebiet	0,25	1,346	227	1,573	—	1,747
Preuß. Militär außerhalb⁴		27,037	1,832	28,869	—	8,697
b) Neu erworb. Landestheile	1301,69	4,258,131	4,258,131	4,258,131	3271	4,295,581
Regier.-Bezirk Wiesbaden⁵	100,75	307,683	303,684	611,367	6068	606,769
= Kassel	185,22	775,503		775,503	4190	770,787
Provinz Hannover⁶	698,72	959,936	963,556	1,923,492	2753	1,936,203
= Schleswig-Holstein⁷	317,00	947,769		947,769	2990	981,822
c) Herzogthum Lauenburg⁸	19,25	49,704		49,704	2530	48,567
Hauptsumme für Preußen	6392,27	23,577,232	23,577,232	23,577,232	3688	24,027,431
Preuß.-braunschw. Communionsbesitz (Bergamt Goslar)	—	337	343	680		653

1) Einschließlich 490 Personen vom diplomatischen Corps in Berlin, für welche nur die Summe vorliegt.
2) Incl. des vormals meining. Dorfs Abt-Löbnitz und der vormals bayerischen Enclave Kaulsdorf; letztere wurde durch königl. Verordnung v. 22. Mai 1867 dem Kreise Ziegenrück des Regierungs-Bezirks Erfurt einverleibt.
3) Incl. des vormals landgräfl. hessischen Amtsbezirks Meisenheim, welcher dem Regierungs-Bezirke Koblenz einverleibt ist. (cf. kön. Verordn. v. 13. Mai, 3. u. 4. Juni 1867).
4) 1864 in den damaligen Bundesfestungen (14,420), in Frankfurt am Main (1966), in den Elbherzogthümern (12,469), in Kurhessen ꝛc. (14).; — 1867 in Mainz u. Kastel.
5) Durch die kön. Verordn. v. 22. Febr. 1867 wurde aus dem ehemal. Kurfürstenthum Hessen (mit Preußen durch Gesetz v. 20. Sept. 1866 vereinigt), den früher bayerischen Gebietstheilen: Bezirksamt Gersfeld u. Landgericht Orb ohne Aura, sowie aus dem früher großherzogl. hessischen Kreise Biedenkopf u. Vöhl (mit Preußen durch Gesetz v. 24. Dec. 1866 vereinigt) der Regierungs-Bezirk Kassel, aus dem ehemal. Herzogthume Nassau v. der ehem. freien Stadt Frankfurt a. M. (beide mit Preußen durch Gesetz v. 20. Sept. 1866 vereinigt), aus dem landgräfl. hessischen Amte Homburg n. der vorm. landgräfl. hessischen Gebietstheilen: Kreis Biedenkopf, nordwestl. Theil des Kreises Gießen, Ortsch. Rödelheim u. Nieder-Ursel (mit Preußen durch Gesetz v. 24. Dec. 1866 vereinigt) der Regierungs-Bezirk Wiesbaden gebildet u. dem Präsidenten der Regierung in Kassel die Befugniß eines Oberpräsidenten für beide Regierungs-Bezirke übertragen.
6) Das vormal. Königreich Hannover wurde durch das Gesetz v. 20. Sept. 1866 mit der preuß. Monarchie vereinigt u. erhielt durch die Verordn. v. 22. Aug. 1867 eine Provinzialverfassung.
7) Die Herzogthümer Schleswig u. Holstein wurden durch das Gesetz v. 24. Dec. 1866 mit Preußen vereinigt u. erhielten durch die Verordn. v. 22. Sept. 1867 eine Provinzialverfassung.
8) Das Herzogthum Lauenburg wurde vom Könige von Preußen durch die Gasteiner Convention v. 14. August 1865 erworben; dieses Land befindet sich zu Preußen im Verhältnisse der Personalunion.

Stein, Handb. d. G. u. St.

Norddeutscher Bund 1868.

Bundesstaaten	Geogr. Qu.-Meilen	Bevölkerung am 3. Dec. 1864. Männliche	Weibliche	Zusammen	auf 1 □M.	Bevölkerung 3. Dec. 1867.
2. Königreich Sachsen.						
Regier.-Bezirk Dresden	78,93	299,412	315,757	615,169	7797	640,662
„ Leipzig	65,24	261,319	271,370	532,689	8161	554,371
„ Zwickau	84,26	430,518	441,930	872,448	10,354	908,347
„ Bautzen	44,64	152,009	164,877	316,886	7099	322,813
Militär außer Landes	—	6,802	—	6,802	—	—
Summe für Sachsen	273,07	1,150,060	1,193,934	2,343,994	8,584	2,426,193
3. Großh. Mecl.-Schwerin	244,12	274,720	286,409	561,129	2298	560,732
4. „ Mecl.-Strelitz	49,49	98,255		98,255	1985	99,433
5. Großherz. Oldenburg.						
Alte Landestheile	113,47	150,760	151,052	301,812	2660	303,385
1866 erworbenes Gebiet[1]	2,68	?	?	12,515	4703	12,551
Summe für Oldenburg	116,15	314,327		314,327	2707	315,936
6. Großherz. S.-Weimar-Eisenach	65,61	137,509	142,692	280,201	4270	283,044
7. Herzogth. S.-Meiningen[2]	43,00	87,126	90,710	177,836	4135	181,483
8. „ S.-Kob.-Gotha	36,04	80,101	84,426	164,527	4565	166,313
9. „ S.-Altenburg	24,00	70,203	71,688	141,891	5912	141,399
10. „ Braunschweig	67,16	146,036	146,672	292,708	4358	301,966
11. „ Anhalt	44,25	95,879	97,167	193,046	4362	197,050
12. Fürstenth. Schwarzburg-Rudolstadt	17,47	36,239	37,508	73,747	4221	75,149
13. „ Schw.-Sondershausen	15,63	32,418	33,771	66,189	4235	68,076
14. „ Reuß ält. Linie	7,00	22,262	21,589	43,851	6265	43,889
15. „ Reuß jüng. L.	15,06	42,435	44,037	86,472	5741	88,007
16. „ Waldeck-Pyrm.	20,36	28,193	30,950	59,143	2904	57,509
17. „ Lippe	21,00	56,044	55,292	111,336	5301	112,062
18. „ Schaumb.-Lippe	6,00	15,765	15,617	31,382	3923	31,814
19. Freie Hansest. Hamburg.						
Hamburg	5,16	141,490	143,567	285,057	55,243	293,997
Amt Bergedorf[3]	2,46	5,917	6,166	12,083	4912	12,510
Summe für Hamburg	7,62	147,407	149,733	297,140	39,000	306,507
20. Freie Hansestadt Lübeck	5,25	20,757	23,600	44,357	8449	49,183
21. „ „ Bremen	4,68	51,220	52,756	104,006	22,221	111,411
22. Großh. hessisches Gebiet.	60,00	127,768	130,913	258,681	4311	257,899
Totalsumme	7537,23	29,322,130	29,322,130		3890	29,903,139

Der jährliche Zuwachs der Bevölkerung beträgt für das gesammte Gebiet des Norddeutschen Bundes im Durchschnitte der Jahre 1834 bis 1867 1,14 Procent, für die preußische Monarchie in ihrer gegenwärtigen Ausdehnung 1,19 Procent, für das Königreich Sachsen 1,58 Procent.

Bewegung der Bevölkerung.

Ueber die Anzahl der Trauungen, Geburten und Sterbefälle in verschiedenen Bundesstaaten in den Jahren 1862 bis 1864 theilen wir, nach den amtlichen Aufzeichnungen, folgende Daten mit:

---

1) Mittels Vertrags vom 27. Septbr. 1866 hat der König von Preußen nachfolgende holsteinische Gebietstheile: 1) das Amt Ahrensböck mit Ausschluß des Dorfes Travenhorst, 2) die sogen. lübischen Güter Dunkelsdorf, Eckhorst, Mori, Groß-Steinrade u. Stockelsdorf, 3) die sogen. lübischen Stadtstiftsdörfer Cöbs mit Schwinkenrade u. Schwodel und 4) den Dieffee mit voller Staatshoheit an den Großherzog von Oldenburg abgetreten. Diese Gebietstheile wurden durch die großherzogl. Verordnung v. 7. Juni 1867 dem Fürstenthume Lübeck einverleibt.

2) Ohne das Dorf Abt-Löbnitz. Der Herzog von Sachsen-Meiningen hat alle in diesem Dorfe von ihm bisher ausgeübten Hoheitsrechte an den König von Preußen abgetreten (Vertrag vom 8. October 1866).

3) Das Amt u. Städtchen Bergedorf, bisher im gemeinschaftlichen Besitze von Hamburg u. Lübeck, ist, zufolge eines zwischen Hamburg u. Lübeck am 6. August 1867 abgeschlossenen Staatsvertrags, in den ausschließlichen Besitz Hamburg's übergegangen.

Bevölkerung.

Bundesstaaten	Jahr	Trauungen	Geburten. männlich	weiblich	zusammen	darunter todte	uneheliche	Sterbefälle (ohne Todtgeborene). männlich	weiblich	zusamm.
Altpreußische Landestheile	1862	157,118	372,277	350,253	722,530	30,135	58,837	235,261	222,475	457,736
	1863	163,704	399,961	377,679	777,640	32,414	67,440	254,372	237,696	492,068
	1864	165,590	407,002	384,979	791,981	32,998	67,922	241,594	228,687	470,251
Provinz Hannover	1862	15,460	31,075	29,157	60,232	2,336	6,080	20,674	20,165	40,839
	1863	15,807	34,033	31,891	65,914	2,495	6,838	20,168	19,679	39,847
	1864	15,494	33,827	31,456	65,283	2,432	6,724	22,116	21,649	43,765
Vormal. Kurfürstenth. Hessen	1862	5,576	12,751	11,860	24,611	1,097	3,317	9,057	9,367	18,424
	1863	5,798	13,363	12,557	25,920	1,095	3,491	8,632	8,717	17,349
	1864	6,185	14,091	13,360	27,451	1,147	3,539	10,477	10,256	20,733
Königr. Sachsen	1862	19,604	48,259	44,969	93,228	4,192	13,823	29,964	28,787	58,751
	1863	20,366	50,584	47,791	98,675	4,445	15,577	31,920	30,160	62,050
	1864	20,928	50,746	48,014	98,760	4,467	14,881	32,841	31,006	63,847
Mecklenburg-Schwerin	1862	4,350	9,049	8,434	17,483	974	3,466	5,356	5,392	10,748
	1863	4,153	9,333	8,868	18,201	986	3,725	5,599	5,487	11,086
	1864	4,515	9,626	9,044	18,670	1,062	3,571	5,785	5,548	11,333
Oldenburg	1862	2,358	4,696	4,519	9,215	369	499	3,074	3,150	6,224
	1863	2,420	4,923	4,906	9,829	387	586	3,106	3,093	6,199
	1864	2,514	5,187	4,799	9,986	437	561	3,273	3,159	6,432
Großherzogl. u. herzogl. sächsische Staaten	1862	6,083	13,324	12,446	25,770	1,158	4,092	8,422	8,574	16,996
	1863	6,711	13,944	13,091	27,035	1,162	4,437	8,790	8,339	17,129
	1864	6,940	14,410	13,427	27,837	1,165	4,512	9,279	8,686	17,965
Anhalt	1862	1,646	3,540	3,314	6,854	317	802	1,800	1,749	3,549
	1863	1,583	3,735	3,456	7,191	323	857	2,203	2,054	4,257
	1864	1,584	3,596	3,464	7,360	331	842	2,445	2,323	4,768

Verglichen mit der Bevölkerung v. Ende 1864 ergeben sich folgende Durchschnittsziffern, welchen wir auch die Procentverhältnisse der unehelichen Geburten anschließen:

Bundesstaaten	1 Trauung auf Bewohner im Jahresdurchschnitt 1862—64	im Jahre 1864	1 Geburt auf Bewohner im Jahresdurchschnitt 1862—64	im Jahre 1864	1 Sterbefall auf Bewohner im Jahresdurchschnitt 1862—64	im Jahre 1864	Auf 100 Geburten kommen uneheliche im Jahresdurchschnitt 1862—64	im Jahre 1864
Altpreußen	118,8	110,6	25,2	24,3	40,6	40,9	8,4	8,5
Hannover	123,4	124,1	30,1	29,4	46,3	43,9	10,2	10,3
Vormal. Kurf. Hessen	127,4	120,4	28,6	27,1	39,5	35,9	13,2	12,9
Königr. Sachsen	115,4	112,0	24,2	23,7	38,0	36,7	15,2	15,1
Mecklenb.-Schwerin	127,3	122,6	30,5	29,6	49,9	48,7	20,3	20,7
Oldenburg	124,2	120,7	31,2	30,2	48,0	46,9	5,7	5,6
Großh. u. herz. sächs. Staat.	116,2	110,1	28,4	23,9	44,0	42,5	16,1	16,2
Anhalt	120,3	121,9	27,0	26,2	45,9	40,5	11,6	11,4

Wohnplätze.

Auf Grund der Aufnahmen von Ende 1864 läßt sich die Anzahl der Wohnplätze (abgesehen von den einzelliegenden Gütern, Colonien u. Weilern) im Norddeutschen Bunde, wie folgt, beziffern:

Wohnplätze	Preuß. Monarchie	Königr. Sachsen	Uebrige Bundesstaaten	Zusammen
Städte	1215	142	231	1,588
Marktflecken	583	—	127	710
Dörfer	40,017	3220	8085	51,322
Wohnhäuser	ca. 2,800,000	241,853	ca. 500,000	3,541,853
Es entfällt somit auf Quadr.-Meilen:				
1 Stadt	5,3	1,9	3,8	4,7
1 Marktflecken	10,9	—	6,8	10,6
1 Dorf	0,16	0,08	0,11	0,15
Es kommen Wohnhäuser auf 1 Qu.-M.	438	856	573	470

Die Bevölkerung der Städte mit mindest 19,000 Einwohnern, sowie der Haupt- u. Residenzstädte (die mit einem Sternchen bezeichnet sind) belief sich nach d. Zählung v. 3. Dec. 1864, jene der Städte mit mehr als 80,000 Einw. nach d. Zählung v. 3. Dec. 1867 auf nachstehende Ziffern (incl. Militär):

Norddeutscher Bund 1868.

*Berlin (Preußen, Prov. Brandenburg) . 702,437
Hamburg 225,074
Breslau (Preußen, Prov. Schlesien) . . 172,124
Dresden (Sachsen) 155,971
Köln (Preußen, Rheinprovinz) . . . 124,984
Königsberg (Preußen, Prov. Preußen) . 106,110
Magdeburg (Preußen, Prov. Sachsen) . 103,981
Leipzig (Sachsen) 91,598
Frankfurt am Main (Preußen, Reg.-Bez.
 Wiesbaden) 90,522
Danzig (Preußen, Prov. Preußen) . . 87,521
Hannover (Preußen, Prov. Hannover) . 79,649
Stettin (Preußen, Prov. Pommern) . . 70,759
Bremen 70,603
Aachen (Preußen, Rheinprovinz) . . 63,811
Elberfeld (Preußen, Rheinprovinz) . . 62,008
Barmen (Preußen, Rheinprovinz) . . 59,544
Altona (Preußen, Holstein) 59,388
Chemnitz (Sachsen) 54,827
Krefeld (Preußen, Rheinprovinz) . . 53,421
Posen (Preußen, Prov. Posen) . . . 53,383
Halle (Preußen, Prov. Sachsen) . . . 45,972
*Braunschweig (Braunschweig) . . . 45,450
Düsseldorf (Preußen, Rheinprovinz) . 44,297
Potsdam (Preußen, Prov. Brandenburg) 42,266
Kassel (Preußen, Reg.-Bez. Kassel) . 40,228
Erfurt (Preußen, Prov. Sachsen) . . 40,143
Frankfurt an d. Oder (Preußen, Prov.
 Brandenburg) 39,523
Lübeck (1. Sept. 1862) 31,898
Görlitz (Preußen, Prov. Schlesien) . . 31,499
Essen (Preußen, Rheinprovinz) . . . 31,336
Koblenz (Preußen, Rheinprovinz) . . 28,701
Münster (Preußen, Prov. Westfalen) . 27,773
Elbing (Preußen, Prov. Preußen) . . 27,534
Dortmund (Preußen, Prov. Westfalen) 27,356
Rostock (Nov. 1866, Mecklenb.-Schwerin) 26,804
Stralsund (Preußen, Prov. Pommern) . 26,693
Wiesbaden (Preußen, Reg.-Bez. Wies-
 baden) 26,573
Brandenburg (Preußen, Prov. Branden-
 burg) 25,967
*Schwerin (Nov. 1866, Mecklenb.-Schw.) 25,168
Bromberg (Preußen, Prov. Posen) . . 24,010
Halberstadt (Preußen, Prov. Sachsen) . 23,870
Bonn (Preußen, Rheinprovinz) . . . 22,492
Zwickau (Sachsen) 22,432
Flensburg (Preußen, Schleswig) . . . 22,376
Trier (Preußen, Rheinprovinz) . . . 21,674
Duisburg (Preußen, Rheinprovinz) . . 21,332
Kiel (Preußen, Holstein) 20,738
Liegnitz (Preußen, Provinz Schlesien) . 19,754
Glauchau (Sachsen) 19,296
*Altenburg (Sachsen-Altenburg) . . . 17,977
*Gotha (Sachsen-Koburg-Gotha) . . . 17,955
*Dessau (Anhalt) 16,306
*Gera (Reuß jüngerer Linie) 15,363
*Weimar (Sachsen-Weimar-Eisenach) . 14,279
*Oldenburg (Oldenburg) 13,402
*Greiz (Reuß älterer Linie) 11,047
*Koburg (Sachsen-Koburg-Gotha) . . 10,724
*Neu-Strelitz (12. Nov. 1866, Mecklen-
 burg-Strelitz) 8,301
*Meiningen (Sachsen-Meiningen) . . . 7,228
*Rudolstadt (Schwarzburg-Rudolstadt) . 6,436
*Detmold (Lippe) 6,203
*Sondershausen (Schwarzburg-Sonders-
 hausen) 5,873
*Bückeburg (Schaumburg-Lippe) . . 4,294
*Arolsen (Waldeck-Pyrmont) 1,978

Nationalitäten.

Abgesehen von den Israeliten u. einer Anzahl angesiedelter Fremder gehört die Bevölkerung der im Norddeutschen Bunde vereinigten Staaten zum weitaus größten Theile der deutschen Nation an. Nichtdeutsche Volksstämme findet man nur in Preußen u. Sachsen. In Sachsen leben (Ende 1864) 53,760 Wenden (im Regier.-Bezirke Bautzen), in der preuß. Monarchie (Ende 1864, nach K. Brämer) ungefähr 144,000 Dänen (in den nördlichen Districten von Schleswig), 2,350,000 Polen (in den Provinzen Posen, Schlesien u. Preußen), Masuren (in der Prov. Preußen) und Kassuben (in den Provinzen Pommern u. Preußen), 86,000 Wenden (in den Provinzen Brandenburg u. Schlesien), 62,000 Mährer u. Tschechen (in der Provinz Schlesien), 145,000 Litthauer und Kuren (in der Provinz Preußen) und 11,000 Wallonen (in der Rheinprovinz). Im Ganzen machen die Nichtdeutschen 9,7 Procent der gesammten Bewohnerzahl des Norddeutschen Bundes aus.

Religionsbekenntnisse.

Die neuesten Aufnahmen, die uns diesfalls vorliegen (Ergebnisse der Volkszählung vom 3. Dec. 1864, in den mecklenburgischen Staaten v. 12. November 1866, in Hamburg v. 3. Dec. 1866, in Lübeck u. dem Amte Bergedorf vom 1. Septbr. 1862), weisen für die Vertheilung der Bevölkerung in den norddeutschen Bundesstaaten nach Religionsbekenntnissen folgende Daten nach:

Bundesstaaten	Evangelische	Katholiken	Griechen	Christl. Sectirer	Israeliten	Anderer od. unbestimmter Religion	Zusammen
Preußische Monarchie .	15,398,262	7,804,252	1541	57,727	314,755	695	23,577,232
Altpreuß. Provinzen . .	11,736,734	7,201,911	1524	52,438	262,001	531	19,255,139
Neue Landestheile*) . .	3,611,866	602,310	17	5287	52,745	164	4,272,389
Herzogthum Lauenburg .	49,662	31	—	2	9	—	49,704
Communionsharz Goslar	668	4	—	8	—	—	680

*) Für Schleswig, Holstein u. die vorm. bayer. Gebietstheile beruht die Ermittlung der Confession auf Berechnung.

Religionsbekenntnisse. — Land- und Forstwirthschaft.

Bundesstaaten	Evangelische	Katholiken	Griechen	Christl. Sectirer	Israeliten	Anderer ob. unbestimmter Religion	Zusammen
Königreich Sachsen . .	2,285,478	47,441	601	1706	1964	6804	2,343,994
Mecklenburg-Schwerin	557,173	950	—	—	3006	—	561,129
Mecklenburg-Strelitz . .	97,611	115	—	—	529	—	98,255
Oldenburg	238,762	72,987	—	970	1576	32	314,327
Sachsen-Weim.-Eisenach	269,007	9,972	48	45	1129	—	280,201
Sachsen-Meiningen . .	174,854	1,105	—	252	1625	—	177,836
Sachsen-Koburg-Gotha	163,397	957	4	89	80	—	164,527
Sachsen-Altenburg . . .	141,563	310	4	13	1	—	141,891
Braunschweig	287,610	3,775	—	216	1107	—	292,708
Anhalt	187,379	3,311	—	54	2302	—	193,046
Schwarzburg-Rudolstadt	73,482	112	—	—	153	—	73,747
Schwarzb.-Sondershaus.	65,914	100	1	—	174	—	66,189
Reuß älterer Linie . . .	43,851	?	—	—	?	—	43,851
Reuß jüngerer Linie . .	86,279	177	—	—	16	—	86,472
Waldeck-Pyrmont . . .	57,036	1,164	—	59	873	11	59,143
Lippe	107,597	2,546	—	—	1193	—	111,336
Schaumburg-Lippe (approxim.)	30,982	100	—	—	300	—	31,382
Hamburg	259,005	5,419	—	690	12,550	7393	285,057
Amt Bergedorf	12,019	47	—	—	17	—	12,083
Lübeck	43,477	239	7	38	596	—	44,357
Bremen	100,965	2,442	—	—	373	225	1	104,006
Großh. hess. Gebietstheile	227,589	23,419	—	295	7378	—	258,681
Hauptsumme .	20,909,960	7,980,944	2206	62,535	351,549	14,936	29,322,130

Es entfallen sohin, nach der Confession, von der Gesammt-Bevölkerung des Norddeutschen Bundes 71,4 Proc. auf die Evangelischen, 27,2 Proc. auf die Katholiken und 1,4 Proc. auf die Bekenner anderer oder unbestimmter Religionen. Die Evangelischen sind in den altpreußischen Provinzen, im Reg.-Bez. Wiesbaden (mit Ausnahme Frankfurt's a. M.), in einem Theile des Kasseler Reg.-Bezirks, in Anhalt, in Waldeck-Pyrmont u. im Fürstenth. Birkenfeld größtentheils ob. ausschließlich unirt, in den Provinzen Hannover u. Schleswig-Holstein, in Lauenburg, in Königr. Sachsen, in Mecklenburg, Oldenburg, den thüringischen Staaten, in Braunschweig, Schaumburg-Lippe, den Hansestädten, in Oberhessen u. der vormal. freien Stadt Frankfurt überwiegend lutherisch, während das reformirte Bekenntniß im Fürstenthum Lippe, in einigen Theilen des Reg.-Bezirks Kassel, der Provinz Hannover, Anhalt's u. Bremen's vorherrscht. Die katholische Kirche präponderirt in den preußischen Provinzen Rheinland, Posen, Westfalen, im Reg.-Bezirke der hohenzollern'schen Lande u. zählt sonst die meisten Bekenner in Schlesien, im westlichen Theile der Provinz Preußen, in einigen Theilen der Provinz Hannover, der Reg.-Bezirke Wiesbaden u. Kassel, Oldenburg's u. Oberhessen's. Von Sectirern findet man Mennoniten, Mitglieder freier Gemeinden, Deutsch-Katholiken, Herrnhuter, Baptisten ꝛc.

Land- und Forstwirthschaft.

Die Land- und Forstwirthschaft befindet sich im Gebiete des Norddeutschen Bundes auf sehr hoher Stufe. Die Bodenfläche läßt sich nach den verschiedenen Culturarten annähernd, wie folgt, vertheilen (ohne die großh. hessischen Gebietstheile):

Bundesstaaten	Acker- u. Gartenland.		Wiesen u. Weiden.		Waldungen.		Summe d. land- u. forstw. benutzt. Fläche.		Unproductive Fläche.		Gesammt-Areal in geogr. Qu.-M.
	geogr. Qu.-M.	%/₀ a.Ge-sammt Areal.	geogr. Qu.-M.	%/₀ a.Ge-sammt Areal.	geogr. Qu.-M.	%/₀ a.Ge-sammt Areal.	geogr. Qu.-M.	%/₀ a.Ge-sammt Areal.	geogr. Qu.-M.	%/₀ a.Ge-sammt Areal.	
Preußen . .	3201	50,1	1172	18,3	1477	23,1	5850	91,5	542	8,5	6392
Sachsen . .	143	52,4	36	13,0	83	30,5	262	95,9	11	4,1	273
Mecklenburg	157	53,5	44	15,0	39	13,3	240	81,8	54	18,2	294
Thüringen .	118	52,7	23	10,3	68	30,5	209	93,5	15	6,5	224
Sonstige Staaten .	127	43,2	45	15,3	58	19,7	230	78,2	64	21,8	294
Zusammen	3746	50,1	1320	17,6	1725	23,1	6791	90,8	666	9,2	

In Bezug auf die vortreffliche Beschaffenheit und den sorgfältigen Anbau des Bodens nehmen im norddeutschen Bundesgebiete wol die sächsischen Länder die erste Stelle ein, obgleich nur die Provinz Sachsen die verschiedenen Getreidearten in ausreichender Menge gewinnt, von Weizen u.

Roggen sogar ansehnliche Ueberschüsse zur Ausfuhr liefernd, während im Königreiche Sachsen die Production von Brodfrüchten das Bedürfniß der starken Bevölkerungsmenge nicht befriedigt. Als die reichsten Getreideländer sind Holstein, Schleswig u. Mecklenburg bekannt, für welche die Kornfrüchte zu den wichtigsten Ausfuhrartikeln gehören, ferner die Provinzen Preußen, Pommern u. Hannover, die Regierungs-Bezirke Kassel u. Wiesbaden 2c. Die durchschnittliche Jahres-Production der hauptsächlichsten Getreidearten u. der Kartoffeln läßt sich, auf Grund der neuesten Daten, annäherungsweise also (ohne das großherzogl. hessischen Gebietstheile), in preußischen Scheffeln:

	Weizen (incl. Spelz)	Roggen	Gerste	Hafer	Kartoffeln
Preußische Monarchie	35,000,000	125,000,000	21,000,000	100,000,000	320,000,000
Uebrige Bundesstaaten	10,000,000	24,000,000	12,000,000	27,000,000	65,000,000
Zusammen	45,000,000	149,000,000	33,000,000	127,000,000	385,000,000

Betreffs der Handelspflanzen ist der Anbau von Flachs sehr verbreitet, besonders in den Provinzen Schlesien, Westfalen u. Hannover, im Reg.-Bez. Kassel, im Königr. Sachsen, in Braunschweig (hier zur Ausfuhr) u. Thüringen; der Hanfbau ist vorzugsweise in Westfalen u. dem hannover'schen Herzogthume Bremen zu Hause. Der Hopfenbau macht in Preußen große Fortschritte, insbesondere in der Provinz Posen (in der Gegend von Neu-Tomysl). Die Cultur der Runkelrübe ist in den Provinzen Sachsen, Schlesien u. Brandenburg, sowie in den Herzogthümern Anhalt u. Braunschweig von großer Wichtigkeit, dem Tabaksbaue wird in den Provinzen Brandenburg, Pommern, Schlesien, Sachsen u. Rheinland eine besondere Sorgfalt zugewendet. Der Obstbau wird in der Rheinprovinz, im Reg.-Bezirke Wiesbaden, in verschiedenen Gegenden Thüringen's u. Sachsen's u. in dem Amte Bergedorf am lebhaftesten betrieben; der Weinbau ist der Rheinprovinz u. im Reg.-Bez. Wiesbaden und findet sonst in den Provinzen Brandenburg, Sachsen, Schlesien u. Posen, im Reg.-Bez. Kassel, im Königreiche Sachsen u. an einzelnen Stellen Thüringen's u. Anhalt's statt. Ueber das Quantum der in der Campagne 1866/67 auf Zucker verarbeiteten Runkelrüben, über die Production von Tabak (1866 — ohne Schlesw.-Holst. u. Mecklenb.) u. von Wein (im Durchschnitte einer längeren Reihe von Jahren) geben folgende Ziffern Auskunft:

	Zuckerrüben	Tabak	Wein
Preußische Monarchie Uebrige Bundesstaaten (ohne das großh. hess. Gebiet)	47,360,937	219,396 Zollctr. 21,455 "	550,000 preuß. Eimer. 23,000 "
Zusammen	47,360,937	240,851	573,000 "

Im Graslandbaue zeichnen sich die Provinzen Pommern, Preußen u. Hannover aus, obschon auch in den anderen Ländern, namentlich im Königreiche Sachsen und in Thüringen, schöne und ergiebige Wiesen zu treffen sind. Der Culturzustand der Wälder befindet sich im Gebiete des Norddeutschen Bundes auf einer hohen Stufe und in vielen Ländern (wie in den Provinzen Preußen, Pommern u. Hannover, im Reg.-Bez. Kassel, in Thüringen, Braunschweig 2c.) bildet das Holz einen wichtigen Export-Artikel. Der jährl. Holzertrag der alt- u. neupreuß. Forsten wird von R. Brämer (in b. Zeitschr. d. k. preuß. statist. Büreaus, 1866) auf 555 Mill. preuß. Kubikfuß geschätzt.

Der Viehstand betrug nach den neuesten Zählungen:

	Pferde	Rindvieh	Schafe	Schweine	Ziegen
Altpreußische Provinzen (3. Dec. 1864)	1,863,009	6,111,994	19,329,030	3,257,531	871,259
Neue Landestheile (1862-66, approxim.)	450,000	2,030,000	3,830,000	1,100,000	300,000
Summe für Preußen	2,313,009	8,141,994	23,159,030	4,357,531	1,171,259
Königreich Sachsen (3. Dec. 1864)	105,474	659,157	366,488	329,141	92,249
Mecklenburg-Schwerin (Herbst 1864)	88,615	261,684	1,229,949	195,644	14,356
Oldenburg (ohne die neu erworbenen Landestheile, 3. Dec. 1864)	39,258	207,701	220,142	94,256	17,442
Großh. u. herz. sächs. Staaten (3. Dec. 1864)	37,815	307,716	576,123	255,346	86,717
Braunschweig (3. April 1862)	26,163	87,629	462,479	64,814	37,796
Anhalt (3. Dec. 1864)	14,677	52,154	218,788	56,396	24,301
Sonstige Bundesstaaten (ohne b. großh. hess. Gebiet, 1861-64), ca.	50,000	230,000	620,000	180,000	70,000
Summe	2,675,011	9,948,035	26,852,999	5,533,128	1,513,120

Die Zahl der Maulthiere u. Esel ist nicht beträchtlich; sie belief sich in der preußischen Monarchie (3. Dec. 1864) auf 10,138, wovon etwa 500 auf die neuerworbenen Landestheile kommen. — Vergleicht man die Anzahl der wichtigsten Hausthiere mit dem Flächeninhalte, so entfallen auf 1 Quadrat-Meile:

	Pferde	Rindvieh	Schafe	Schweine	Ziegen
in der preußischen Monarchie	361	1264	3622	681	183
im Norddeutschen Bunde überhaupt	358	1330	3591	740	202

Die Pferde- und Rindviehzucht hat in den Großherzogthümern Mecklenburg u. Oldenburg und in den Provinzen Schleswig-Holstein u. Hannover eine Berühmtheit erlangt und liefert hier einen wichtigen Ausfuhrartikel; sonst steht die Provinz Preußen durch ihre trefflichen Pferde u. Rinder in sehr gutem Rufe. In der Schafzucht nehmen Mecklenburg (in Quantität u. Qualität), das

Königreich Sachsen (blos in Qualität der Thiere u. der Wolle), die Provinz Schlesien und einige thüringische Länder die erste Stelle ein, außer welchen Braunschweig, Anhalt, die Provinz Hannover u. Oldenburg einen sehr bedeutenden Schafstand besitzen u. Schafe u. Wolle in den Handelsverkehr liefern. Die Schweinezucht hat ihre Hauptsitze in der Provinz Westfalen, in den norddeutschen Marschen, in Mecklenburg u. Thüringen.

Für den Bodencredit sind folgende Anstalten in Thätigkeit: in Preußen, die Creditinstitute der ostpreußischen, der westpreußischen (2), der pommerschen, der schlesischen Landschaft, die Creditinstitute für Schlesien, für die Ober- u. Niederlausitz, die beiden Creditvereine in der Prov. Posen, die Landes-Creditgesellschaft für Rheinland u. Westfalen, die Hypotheken-Actiengesellschaften in Berlin u. Köslin, die landwirthschaftliche Central-Actienbank in Breslau, die Real-Creditbank in Posen, die Landes-Creditanstalt in Hannover u. die 4 hannöv. Provinzial-Creditinstitute, die Landes-Creditkasse in Kassel, die Hypothekenbank in Frankfurt a. M., die Banken in Wiesbaden u. Homburg; — in den übrigen Bundesstaaten: in Sachsen die Landescultur-Rentenbank, der erbländische ritterschaftliche u. der landwirthschaftliche Creditverein, die ständ. Hypothekenbank für die Oberlausitz, die sächsische Hypothekenbank in Leipzig u. die Leipziger Hypothekenbank; die deutsche Grund-Creditbank in Gotha; die Landes-Creditanstalten in Gotha, Meiningen u. Braunschweig, der ritterschaftliche Creditverein für beide Mecklenburg, die Landes-Creditkasse zu Rudolstadt, die landwirthschaftliche Darlehnskasse zu Sondershausen, die Creditkasse für Erben u. Grundstücke in Hamburg, die Landrentenbanken in Koburg, Köthen u. Greiz, die deutsche Hypothekenbank zu Meiningen u. die Banken zu Sondershausen (die thüringische), Altenburg u. Gera.

Bergbau, Hüttenwesen, Salinen.

Das Gebiet des Norddeutschen Bundes ist außerordentlich reich an Mineralschätzen aller Art, unter denen Stein- u. Braunkohlen, Eisen, Zink, Blei u. Kupfer, sowie Salz die hervorragendste Stelle einnehmen. Insbesondere behauptet die preußische Monarchie in dieser Beziehung einen der ersten Plätze in Europa u. übertrifft dieselbe in den Productionsmengen von fossilen Kohlen alle Continentalstaaten Europa's, von Zink alle Staaten der Welt. Der Werth der Bergwerks- und Salinen-Production ist in Preußen auf mehr als 50 Mill. Thlr. anzuschlagen u. auf mehr als das Doppelte der Werth der Erzeugnisse der Hütten- und Raffinirwerke. Nächst Preußen ist im Königreiche Sachsen der Bergbau von der größten Wichtigkeit.

Auf Gold- und Silbererze wird in dem Harze und im Königreiche Sachsen gebaut, doch wird Silber in Preußen auch aus Bleierzen dargestellt. Der Bergbau auf Eisenerze und die Verhüttung derselben ist am bedeutendsten in den Provinzen Rheinland, Schlesien, Westfalen u. Hannover, im Reg.-Bezirke Wiesbaden u. in Braunschweig, jene auf Kupfer in den Regierungs-Bezirken Merseburg u. Arnsberg u. in dem Harze, jener auf Bleierze in den Regierungs-Bezirken Aachen, Oppeln, Arnsberg u. Wiesbaden, sowie in dem Harze, jener auf Zinkerze in Oberschlesien und dem Rheinlande. Der Zinnbergbau findet nur im Königr. Sachsen statt. Die größten Steinkohlenlager liegen in Schlesien, in der Rheinprovinz, in Westfalen u. im Königr. Sachsen, die bedeutendsten Braunkohlenlager in den Provinzen Sachsen u. Brandenburg, sowie im Herzogthume Anhalt. Steinsalz wird in beträchtlichen Mengen in der Provinz Sachsen u. in Anhalt gewonnen, Kochsalz namentlich in den Provinzen Sachsen u. Hannover, in Thüringen ꝛc.

Die Montan- und Salz-Production (abgesehen von jener im großh. hessischen Gebiete) belief sich, nach den amtlichen Aufstellungen, im Jahre 1864 auf folgende Ziffern:

Erzeugnisse	Preußen.	Sachsen.	Thüringen.	Braunschweig.	Gomm. Harz.	Anhalt.	Sonstige Norddeutsche Staaten.	Bund.
Gold Zollpf.	12,59	62,96	—	—	8,72	—	—	84,27
Silber "	80741,7	64622,1	—	—	1780,0	654,5	—	147998,3
Frisch- u. Gußroheisen Zollctr.	15859785	277073	67995	184544	21002	—	18814	16429213
Garkupfer "	61305	—	—	—	5004	—	—	66309
Kaufblei u. Glätte "	696902	72935	—	—	8503	5648	—	783988
Roh-Zink "	1154930	—	3	—	23	—	—	1154956
Zinn "	—	—	2370	—	—	—	—	2370
Quecksilber "	54	—	—	—	—	—	—	54
Antimonium "	44536	—	—	—	106	—	—	44642
Kupfer- u. Eisenvitriol Zollctr.	57903	15614	—	—	13777	178	—	87472
Schwefel "	1800	—	—	—	572	—	—	—
Stein- u. Braunkohl. "	437939738	51352087	4194796	2748392	—	9015917	50	505250980
Asphalt "	11900	—	—	—	—	—	—	11900
Stein- u. weißes Kochsalz Zollctr.	5430504	—	202132	93850	—	1471486	24288	7222260
Schwarzes u. gelbes Salz Zollctr.	36845	—	43652	24201	—	3645	1054	109600
Düngegyps "	3178	—	25401	—	—	521	1253	30353

8 Norddeutscher Bund 1868.

In vorstehenden Ziffern sind nicht begriffen der auf den Mooren und Wiesen Holstein's u. Mecklenburg's in geringen Mengen sich vorfindende Raseneisenstein, die in denselben Ländern ebenfalls in geringer Quantität gewonnenen Braunkohlen und die Salzproduction in Holstein (ca. 20,000 Zollctr. jährl.) u. Mecklenburg-Schwerin (etwa 75,000 Zollctr. jährlich). — Im Jahre 1865 belief sich in den altpreußischen Landestheilen die Montan- u. Salzproduction auf folgende Ziffern: Gold 0,13 Pfd., Silber 51,290 Pfd., Roheisen 15,438,052 Zollctr., Garkupfer 59,633 Zollctr., Kaufblei u. Glätte 583,620 Zollctr., Rohzink 1,129,660 Zollctr., Quecksilber 32 Zollctr., Antimon 1200 Zollctr., Schwefel 2035 Zollctr., Stein- u. Braunkohlen 472,271,220 Zollctr., Stein- u. Siedesalz 4,099,631 (1866 4,550,635) Zollctr.

Gewerbliche Industrie.

Mit Ausnahme der beiden mecklenburg'schen Staaten, des Herzogthums Anhalt, der Fürstenthümer Reuß ä. L., Lippe u. Schaumburg-Lippe, in welchen noch immer das Concessionsystem mit dem Zunftzwange besteht, ist in den übrigen Staaten des Norddeutschen Bundes die **Gewerbefreiheit** in größerem oder geringerem Maße eingeführt. — Zur Wahrnehmung u. Vertretung der Interessen des Handels- und Gewerbestandes sind die **Handelskammern** (Handels- u. Gewerbekammern) berufen, die in der preußischen Monarchie (72 an der Zahl), im Königr. Sachsen (5 an der Zahl), in Anhalt, Sachsen-Meiningen, Reuß j. L. u. den Hansestädten bestehen.

Die gewerbliche Industrie hat im Gebiete des Norddeutschen Bundes einen großartigen Aufschwung genommen, insbesondere im Königreiche Sachsen und in Preußen; nur in Mecklenburg, Schleswig-Holstein, Lauenburg u. Schaumburg-Lippe ist sie noch wenig entwickelt. Was die preußische Monarchie anlangt, so hat die gewerbliche Thätigkeit in den Provinzen Rheinland, Westfalen, Sachsen und Schlesien die größte Blüthe und ihren Culminationspunkt erreicht. Die Entwickelung der preuß. Industrie wird am deutlichsten ersichtlich bei einer Vergleichung der Zahl der in den Fabriken beschäftigten Menschen und der Gesammtzahl der Einwohner des Staats im Jahre 1846 mit der im Jahre 1861, in welchem die letzte Aufnahme der Fabriken in Preußen, wie im Zollvereine überhaupt, stattgefunden hat. Abgesehen von dem rein handwerksmäßigen Gewerbebetriebe beschäftigte die Großindustrie in den altpreußischen Landestheilen im Jahre 1846 454,015 u. im Jahre 1861 583,830 Personen (ohne die Familienglieder) und es stieg somit die Zahl der in den Fabriken beschäftigten Personen in einem Zeitraume von 15 Jahren um fast 29 Procent, während die Gesammtbevölkerung des Staats in seiner damaligen Ausdehnung in dem gleichen Zeitraume um nicht ganz 13 Proc. sich vermehrte. Der handwerksmäßige Betrieb beschäftigte in Altpreußen im J. 1846 889,806, im J. 1861 1,202,315 Personen (ohne Familienglieder), wonach für den gedachten Zeitraum eine Zunahme von 35 Procent sich ergiebt. (Vgl. Zur Kunde d. volkswirthsch. Zustände d. preuß. Staats, Berl. 1867). Die große Entwickelung der preuß. Industrie giebt sich auch durch eine Vergleichung der in der Industrie in den beiden Jahren thätig gewesenen Dampfmaschinen zu erkennen; es waren in den altpreuß. Provinzen für Zwecke des Bergbau's u. der Industrie vorhanden: im J. 1846 1091 Dampfmaschinen von 21,211 Pferdekraft u. im J. 1861 6483 Dampfmaschinen von 132,601 Pferdekraft. — Im Jahre 1861 standen in allen damals zum deutschen Zollvereine gehörigen Gebietstheilen des Norddeutschen Bundes (incl. d. großh. hess. Prov. Oberhessen), nach den diesfälligen vom Centralbüreau des Zollvereins herausgegebenen Uebersichten, an Dampfmaschinen in Verwendung:

Bundesstaaten	für Bergbau-, Hütten- u. Salinen-Betrieb		für landwirthschaftl. Zwecke		für Mühlen u. die Fabrikation		für Transport- u. Handelsgewerbe		Zusammen	
	Masch.	Pferdekr.	Masch.	Pferdekr.	Masch.	Pferdekr.	Masch.	Pferdekr.	Masch.	Pferdekr.
Preußen (incl. der neuen Landestheile)...	1614	62,448	272	4380	5472	78,657	2262	267,557	9620	413,042
Sachsen......	275	6442	75	374	637	8702	247	30,898	1234	46,416
Oldenburg......	—	—	—	—	49	1092	2	115	51	1207
Thüringen......	20	188	13	48	113	1042	97	20,108	243	21,386
Braunschweig.....	21	446	—	—	177	1505	63	38	261	1989
Anhalt, Lippe u. Wald.-Pyrmont.....	37	481	56	877	89	850	10	277	192	2485
Großh. hess. Prov. Oberhessen.....	16	161	—	—	14	138	—	—	30	299
Summe....	1983	70,166	416	5679	6551	91,966	2681	318,993	11,631	486,824

Maschinenbau. Im Jahre 1861 besaßen die damals zum Zollvereine gehörigen Länder des Norddeutschen Bundes 569 Fabriken (362 in Preußen, 164 in Sachsen, 18 in Thüringen, je 9 in Braunschweig u. Anhalt, 6 in Oberhessen u. 1 in Waldeck) für Maschinen, einschl. eiserner Schiffe, mit 31,357 in diesen beschäftigten Personen. Die wichtigsten Etablissements, die auch für die Ausfuhr arbeiten, sind in Berlin, Chemnitz, Breslau, Königsberg, Stettin, Magdeburg, Köln, Düsseldorf, Aachen ꝛc. — Ansehnliche Maschinenbauanstalten bestehen ferner in Hamburg u. Bremen.

Gewerbliche Industrie.

Industrie in Transportmitteln. Die Zahl der Eisenbahnwagen- u. anderen Wagen-Fabriken betrug in den vorhin genannten Ländern im J. 1861 121 (110 in Preußen, je 4 in Sachsen u. Braunschweig, 2 in Thüringen, 1 in Oldenburg) mit 7463 Arbeitern. Sie finden in ihren Leistungen große Anerkennung im In- u. Auslande u. haben ihre Hauptsitze in Berlin, Aachen, Stettin, Breslau, Köln, Kassel, Braunschweig ꝛc. — Der Schiffsbau bildet einen ansehnlichen Erwerbszweig in den Städten Hamburg u. Bremen, deren Werften sich eines europäischen Rufs erfreuen, ferner in Stettin, Stralsund, Danzig, Kiel, Papenburg, Emden, Leer, Rostock ꝛc.

Industrie in Instrumenten. Wissenschaftliche Instrumente aller Art werden in verschiedenen Städten in großer Vollendung verfertigt. Sehr ausgebreitet ist die Erzeugung musikalischer Instrumente; die Klaviere aus Wesel, Koblenz, Münster, Elberfeld, Leipzig, Dresden, Braunschweig u. Hamburg, die Harmonikas aus Gera, die Orgeln aus Paulinzella (in Schw.-Rudolstadt) erfreuen sich eines höchst vortheilhaften Rufs im In- und Auslande und die musikalischen Instrumente, welche in Kassel u. im sächsischen Voigtlande hergestellt werden, finden vielfach in überseeischen Staaten guten Absatz. — Bedeutendere Etablissements für die Uhrenfabrikation sind in Berlin, Hamburg u. anderen größeren Orten errichtet.

Industrie in Eisen und Eisenwaaren. Ueber die Production von Roheisen siehe oben. Die Bereitung von Stabeisen findet in den meisten Staaten des Norddeutschen Bundes statt, doch ist sie in den preuß. Provinzen Rheinland, Westfalen (Reg.-Bez. Arnsberg) und Schlesien (Reg.-Bez. Oppeln), im Regierungs-Bezirke Wiesbaden u. im Königreiche Sachsen am stärksten. Die Stahlfabrikation ist in Westfalen (Reg.-Bez. Arnsberg) u. in der Rheinprovinz (Reg.-Bez. Düsseldorf) von der höchsten Bedeutung, indem hier nicht nur die größten Mengen producirt werden, sondern auch das Erzeugniß an Güte dem englischen wenig nachgiebt. Außer Preußen wird sie in Sachsen, S.-Gotha u. Braunschweig betrieben. Eisenbahnschienen gelangen in namhaften Quantitäten zur Ausfuhr. Die Eisenblechfabrikation hat ihre Hauptsitze in Westfalen, dem Rheinlande und in Reg.-Bez. Wiesbaden, die Eisendrahtfabrikation im Reg.-Bez. Arnsberg. In der Qualität der Gußwaaren ist Preußen, besonders durch die Leistungen in Berlin, in den Regierungs-Bezirken Arnsberg, Köln, Düsseldorf, Oppeln u. in der Provinz Hannover, ausgezeichnet, obgleich in anderen Ländern, wie namentlich im Königreiche Sachsen, diesem Industriezweige ebenfalls Sorgfalt zugewendet wird. Im J. 1861 bestanden in den damals zum Zollvereine gehörigen Staaten des Norddeutschen Bundes 872 Eisenwerke, einschl. der Eisenwalzwerke (735 in Preußen, 52 in der großh. hess. Provinz Oberhessen, 39 in Sachsen, 32 in Thüringen, 10 in Braunschweig, 3 in Oldenburg, 1 in Anhalt) mit 428 Hochöfen, 641 Frischfeuern, 927 Puddlingsöfen, 675 Schweißöfen, 400 Kuppelöfen, 199 Flammöfen u. 45,930 Arbeitern, 176 Eisendrahtwerke (174 in Preußen) mit 2074 Arbeitern u. 297 Stahlwerke (291 in Preußen) mit 4736 Arbeitern. Die Production der Eisenraffinirwerke in diesen Ländern (ohne d. großh. hess. Provinz Oberhessen) belief sich im Jahre 1864 auf folgende Ziffern — in Zollcentnern:

Bundesstaaten	Stabeisen u. gewalzt. Eisen	Stahl	Eisenblech	Eisendraht	Gußwaaren aus Roheisen
Preußische Monarchie	7,673,302	1,408,184	1,366,351	660,542	3,252,600
Sachsen	343,551	1,307	4,297	—	102,643
Oldenburg	159,433	—	—	—	47,876
Thüringische Staaten	40,102	2,114	—	—	15,273
Braunschweig	66,310	691	—	—	53,215
Anhalt u. Waldeck-Pyrmont	6,087	—	—	—	26,378
Summe	8,288,785	1,412,296	1,370,648	660,542	3,497,985

Die Verfertigung der Eisen- und Stahlwaaren nimmt eine hervorragende Stelle in der Industrie des Norddeutschen Bundes ein und ist namentlich für die preußischen Provinzen Rheinland (Reg.-Bez. Düsseldorf) und Westfalen (Reg.-Bez. Arnsberg) einer der ansehnlichsten Zweige der gewerblichen Thätigkeit. Die Fabrikation von Hieb- und Stichwaffen in Solingen (Reg.-Bezirks Düsseldorf) behauptet den ersten Platz in Europa u. der dasigen seit Jahrhunderten einheimischen Anfertigung von Messer- u. Schneidwaaren gebührt nach der betreffenden Industrie Sheffield's der erste Rang. Hauptsitze der Eisenmanufactur in diesen Provinzen sind ferner Remscheid, Ronsdorf u. andere Orte im Reg.-Bez. Düsseldorf, Iserlohn, Altena, Hagen u. andere Orte im Reg.-Bez. Arnsberg. Die Grafschaft Mark im letztgedachten Regierungs-Bezirke unterhält eine sehr bedeutende Sensen-Fabrikation, in Iserlohn, Aachen u. Burtscheid ist die Nähnadel-Fabrikation, deren Erzeugnisse einen großen Ablaß in den verschiedensten, selbst überseeischen Ländern finden, einheimisch. Berühmt sind auch die Gewehrfabriken in Sömmerda, Suhl u. Spandau, die Fabriken für Grobschmied- u. Schlosserwaaren in den zwei obengenannten Provinzen u. in Berlin ꝛc. Sonst ist die Eisenmanufactur im Kreise Schmalkalden, im sächsischen Erzgebirge (Fabrikation von Blechwaaren) u. in mehreren Gegenden Thüringen's sehr lebhaft. — Im J. 1861 bestanden in den damals zum Zollvereine gehörigen Ländern des Norddeutschen Bundes 853 Eisen- u. Blechwaarenfabriken, Sensenhämmer, Ketten-, Anker-, Schrauben-, Nägel- u. Drahtstiftfabriken (819 in Preußen, 25 in Sachsen, 4 in Thüringen, je 2 in Braunschweig u. Anhalt, 1 in Oberhessen) mit 11,999

Arbeitern, 499 Stahlwaaren- u. Schneidewaaren-Fabriken (473 in Preußen, 15 in Braunschweig, 7 in Waldeck, je 2 in Sachsen u. Thüringen) mit 2791 Arbeitern, 353 Eisengießereien u. Fabriken für Heizapparate u. Kochgeschirre (292 in Preußen, 43 in Sachsen, 6 in Braunschweig, 7 in Anhalt, je 5 in Oldenburg u. Thüringen u. 3 in Oberhessen) mit 10,811 Arbeitern, 42 Fabriken für Gewehre u. blanke Waffen (37 in Preußen, 4 in Anhalt u. 1 in Sachsen) mit 3459 Arbeitern, 35 Nähnadelfabriken (in Preußen) mit 3681 Arbeitern, 43 andere Nadel- u. Ringelhacken-Fabriken (42 in Preußen, 1 in Sachsen) mit 569 Arbeitern.

Industrie in sonstigen Metallen und Metall-Leguren. In den eben genannten Ländern wurden im Jahre 1861 gezählt: 68 Blei- u. Silberwerke (67 in Preußen, 1 in Anhalt) mit 5927 Arbeitern, 52 Zinkwerke (in Preußen) mit 6427 Arb., 74 Kupferwerke (67 in Preußen, 3 in Thüringen, 2 in Sachsen, je 1 in Anhalt u. Oberhessen) mit 2216 Arb., 44 Messingwerke (43 in Preußen, 1 in Sachsen) mit 727 Arb., 45 sonstige metallurgische Werke (39 in Preußen, 3 in Sachsen, 2 in Braunschweig, je 1 in Thüringen u. Oberhessen) mit 1270 Arb., 129 Fabriken für echte u. imitirte Gold- u. Silber- u. für leonische Waaren (118 in Preußen, 11 in Sachsen), mit 2784 Arb., 42 Fabriken von Neugold-, Neusilber- u. plattirten Waaren (31 in Preußen, 11 in Sachsen) mit 1055 Arb., 167 Fabriken für Kupfer-, Bronze-, Messingwaaren rc. (123 in Preußen, 34 in Thüringen, 10 in Sachsen) mit 4697 Arbeitern. — Besonders zu erwähnen sind die Silberwaaren aus Berlin, die Gold-, Silber- und Bronzewaaren (Bijouteriewaaren) aus Hanau, die Bronzewaaren aus Frankfurt am Main, die leonischen Waaren aus Annaberg in Sachsen, die Messing- u. Bronzewaaren aus Berlin, Iserlohn u. Altena, die schlesischen Zinkwaaren rc., die sich alle eines ansehnlichen Exports erfreuen.

Thonwaaren-Industrie. Bei dieser sind im Norddeutschen Bunde ungefähr 100,000 Arbeiter (in den früher genannten Ländern im J. 1861 95,489 Arbeiter) beschäftigt. Mit der Porzellan-erzeugung befassen sich 80 Fabriken (ohne Holstein, wo 1 Fabrik besteht, — 37 in Preußen, 38 in Thüringen, 3 in Sachsen u. je 1 in Braunschweig u. Anhalt) mit 8669 Arbeitern; sie arbeitet für den Export u. ist am bedeutendsten in Berlin, den preuß. Reg.-Bezirken Breslau u. Erfurt, in Meißen, Gotha, Ohrdruf u. auf dem Thüringer Waldgebirge. Der fabriksmäßigen Erzeugung von Steingut u. anderen Irdenwaaren waren in den mehrfach gedachten Ländern (1861) 440 Etablissements (403 in Preußen, je 15 in Sachsen u. Thüringen, 2 in Oldenburg, wozu noch eines im Fürstenth. Lübeck kommt, 2 in Braunschweig, je 1 in Anhalt, Lippe u. Oberhessen) gewidmet, die 6815 Arbeiter beschäftigten, ebenfalls einen namhaften Theil ihrer Fabrikate an das Ausland abgaben. Die Irdenwaaren aus der Rheinprovinz, aus Groß-Almerode u. Exterode im Reg.-Bez. Kassel, aus Zwickau u. Chemnitz in Sachsen, die Thonpfeifen aus der hannöverschen Stadt Uslar, die thönernen Krüge aus dem Unter-Westerwaldkreise im Reg.-Bez. Wiesbaden sind, neben anderen, sehr gesucht u. höchst vortheilhaft bekannt. Die Ziegeleien, 12,000 an der Zahl (10,744 in den norddeutschen Zollvereinsländern im Jahre 1861) sind über alle Staaten u. deren Provinzen verbreitet.

Industrie in Glas und Glaswaaren. Bei der gesammten Glasindustrie im Norddeutschen Bunde befinden sich etwa 22,000 Arbeiter in Thätigkeit. Sie arbeitet für den Export u. hat ihre Hauptsitze in Schlesien, im Rheinlande u. in Thüringen. Es bestanden im ganzen Bundesgebiete im J. 1861 205 Glashütten (174 in Preußen, 16 in Thüringen, 7 in Sachsen, je 3 in Mecklenburg-Schwerin u. Braunschweig, je 1 in Sachsen u. Lippe) mit ungefähr 7500 Arbeitern, 111 Glasschleifereien u. Polirwerke (100 in Preußen, 7 in Braunschweig, 2 in Thüringen, je 1 in Sachsen u. Lippe) mit 944 Arb., 7 Spiegelglasfabriken (4 in Preußen, je 1 in Sachsen, Thüringen u. Braunschweig).

Industrie in sonstigen Arbeiten aus Steinen und Erden. Von diesen heben wir hervor: die geschätzten Juwelierarbeiten aus Berlin und Frankfurt am Main, das Schleifen u. Bearbeiten von Achatsteinen ob. das sogen. Obersteiner Fabrikwesen im oldenburg. Fürstenth. Birkenfeld u. in den an dieses grenzenden Kreisen des Reg.-Bez. Trier (1865 117 Schleifmühlen im Fürstenth. Birkenfeld u. 35 in dem preuß. Landestheile), welches, gleich der Marmelfabrikation b. i. der Verfertigung von Kugeln aus Kalkstein, Kiesel, Jaspis, Glas rc., die in Thüringen (S.-Meiningen u. S.-Gotha) auf 36 Mühlen betrieben wird, einen Handelsartikel abgiebt, die berühmte Verfertigung von Schmelztiegeln, feuerfesten Steinen rc. im Kreise Witzenhausen des Reg.-Bez. Kassel, die weit verbreitete Kalkbrennerei (1861 in den norddeutschen Zollvereinsländern 3333 Kalkbrennereien) rc.

Industrie in chemischen Producten. Auch diese ist im Gebiete des Norddeutschen Bundes vielseitig und von großem Belange und sie liefert verschiedene Artikel für die Ausfuhr. Am hervorragendsten sind die chemischen Fabriken in Berlin, Schönebeck (Reg.-Bez. Magdeburg), Neusalzwerk (Reg.-Bez. Minden), Barmen, Köln, Breslau, Krefeld, Bonn, Duisburg, Hannover, Goslar, Kassel, Frankfurt am Main, Leipzig, Dresden u. Hamburg, die Fabriken von Parfümerien u. wohlriechenden Wässern in Köln u. Berlin. Die Seifen- u. Kerzen-Erzeugung ist in Berlin, Barmen u. Köln, die Industrie in Zündwaaren in den preuß. Provinzen Schlesien, Sachsen u. Hannover von großer Wichtigkeit. Zu Ende des J. 1861 wurden in den damals zum Zollvereine gehörigen norddeutschen Bundesstaaten gezählt: 314 Coaks- u. Gasbereitungsanstalten (270 in Preußen u. 24 in Sachsen) mit 6890 Arbeitern, 386 Chemikalien- u. Farbenfabriken (267 in

Gewerbliche Industrie.

Preußen, 64 in Sachsen, 35 in Thüringen, 9 in Braunschweig, 7 in Anhalt, 3 in Oberhessen u. 1 in Lippe — im ganzen Norddt. Bunde etwa 400) mit 6274 Arb., 179 Zündwaaren-Fabriken (115 in Preußen, 32 in Thüringen, 19 in Sachsen, 6 in Anhalt, 3 in Braunschweig, 2 in Lippe, 1 in Oldenburg — neben der sich noch 3 im Fürstenth. Lübeck befinden — 1 in Oberhessen) mit 3323 Arb., 153 Fabriken für Parfümerien, wohlriechende Wasser u. Seifen (124 in Preußen, 17 in Sachsen, 7 in Braunschweig, 4 in Thüringen u. 1 in Anhalt — im ganzen Norddt. Bunde etwa 200), 289 Stearin-, Licht- u. Seifenfabriken (268 in Preußen), 6943 Oelmühlen u. Raffinerien (5175 in Preußen) mit 12,180 Arb., 439 Pott- u. Waldaschesiedereien, 658 Theeröfen, Pechsiedereien ꝛc. (im ganzen Bunde etwa 700).

Industrie in Nahrungsstoffen. Mehl u. Rübenzucker sind für den Norddeutschen Bund wichtige Ausfuhrgegenstände. Im ganzen Bundesgebiete giebt es mehr als 46,000 Getreidemühlen, von denen etwa 800 durch Dampf getrieben werden. Die Rübenzucker-Fabrikation, welche in stetigem Fortschreiten sich befindet, ist in Preußen (namentlich in der Prov. Sachsen, nächstdem in den Provinzen Schlesien u. Brandenburg) und in den Herzogthümern Anhalt u. Braunschweig zu einer hohen Blüthe gelangt u. gehört in diesen Staaten zu den ansehnlichsten Industriezweigen. Es standen im Norddeutschen Bunde im Betriebsjahre 1866/67 285 Rübenzucker-Fabriken in Thätigkeit, welche 47,360,937 rohe Rüben verarbeitet haben; in der Campagne 1864/65 wurden 257 solche Fabriken gezählt: 199 in Preußen, 34 in Anhalt, 19 in Braunschweig, 5 in Thüringen, 1 in Sachsen. Rohrzucker-Raffinerien bestehen in Preußen u. den Hansestädten, zusammen (1861) 99. — Kaffeesurrogate, für welche, sowie für Chocolade, Cichorie u. Senf, im J. 1861 in den norddeutschen Zollvereinsstaaten 404 Fabriken (317 in Preußen, 16 in Braunschweig, 12 in Sachsen) im Betriebe sich befanden, werden in größeren Mengen in den preuß. Provinzen Sachsen u. Hannover erzeugt. Durch die Bereitung von eingesalzenem Fleische sind die Hafenstädte Hamburg u. Bremen höchst vortheilhaft bekannt.

Industrie in Getränken. Die Bierbrauerei ist seit alter Zeit in Norddeutschland einheimisch u. es sind für dieselbe, besonders zu Berlin, Danzig, Breslau, Erfurt, Hannover, Osterode, Goslar, Kassel, Dresden, Braunschweig, in Thüringen ꝛc., sehr umfangreiche Fabriken errichtet. Die Zahl der gewerblichen Bierbrauereien, bei denen mindestens 26,000 Arbeiter beschäftigt sind, beläuft sich auf mehr als 10,600, von denen 8676 auf Preußen (in d. J. 1861—65), 1398 auf Thüringen, 763 auf Sachsen (1865), 352 auf Oberhessen, 158 auf Oldenburg (1861), 141 auf Mecklenburg (1862), 121 auf Braunschweig, 85 auf Anhalt (1865) u. s. w. entfallen. — Die Erzeugung von Branntwein u. Spiritus ernährt ungefähr 30,000 Personen und ist exportfähig. Die bedeutendsten Anstalten für dieselbe sind in den Provinzen Schlesien, Sachsen, Posen u. Brandenburg, in Hamburg u. s. w. Man zählt im ganzen Bunde etwa 11,800 Branntweinbrennereien (hauptsächlich als Nebenzweig der Landwirthschaft betrieben), von welchen 9568 in der preußischen Monarchie (1861—65), 741 in Sachsen (1865), 588 in Oberhessen (1861), 155 in Mecklenburg (1862), 154 in Thüringen (1865), 86 in Braunschweig (1861), 70 in Oldenburg (1861), 38 in Anhalt (1865) u. s. w. sich befinden. — Schaumwein wird in 46 Fabriken (43 in Preußen u. 3 in Sachsen), Essig in 800—900 Fabriken (1861 622 in Preußen) erzeugt.

Industrie in Tabakfabrikaten. Diese ist im Gebiete des Norddeutschen Bundes von sehr großer Bedeutung und hat ihre Hauptsitze in den Städten Bremen u. Hamburg, Berlin, Magdeburg, Minden, Köln, Duisburg, Frankfurt am Main, Osnabrück, Hannover, Kassel, Hanau, Leipzig, Dresden, Braunschweig ꝛc. Sie beschäftigt im Vergleiche zu anderen Industriezweigen bei einem gleichen Werthe des Umsatzes bei Weitem mehr Arbeiter. Es bestanden nämlich zu Ende des J. 1861 in den damals zum Zollvereine gehörigen Bundesstaaten (incl. des Fürstenth. Lübeck) 2708 Tabak- u. Cigarrenfabriken mit 47,586 Arbeitern; davon entfielen

auf	Fabriken	Arbeiter	auf	Fabriken	Arbeiter
Preußen	2044	34,802	Anhalt	33	597
Sachsen	394	6659	Lippe	29	371
Oldenburg	37	592	Waldeck-Pyrmont	17	399
Thüringen	56	1503	Oberhessen	46	1603
Braunschweig	52	1060			

Rechnet man hinzu die Fabriken im bremischen Staate (im Febr. 1862 227 mit 7722 Arbeitern), in Hamburg, Lübeck, Mecklenburg, Schleswig, Holstein u. Lauenburg, so erhält man für den Beginn des J. 1862 für den ganzen Norddeutschen Bund eine Ziffer von weit mehr als 3000 Tabak- u. Cigarrenfabriken.

Industrie in Seide. Diese beschäftigte zu Ende des Jahres 1861 39,476 Arbeiter; sie liefert verschiedene Artikel zur Ausfuhr, von welchen namentlich die Sammte u. Sammtwaaren im Welthandel eine große Rolle spielen. Die Seidenspinnerei (incl. Zwirnerei), für welche zu derselben Zeit 203 Etablissements in Betriebe waren (201 in Preußen, 1 in Sachsen, 1 in Lippe), ist im Reg.-Bez. Düsseldorf concentrirt. Derselbe Regierungs-Bezirk, zumal die Städte Krefeld, Elberfeld u. Barmen sind auch die Heimat der Seidenwaaren-Fabrikation, die sonst in Berlin und in den Reg.-Bezirken Aachen, Köln u. Minden in größerem Maße betrieben wird. Zu Ende des Jahres 1861 wurden gezählt:

Norddeutscher Bund 1868.

Bundesstaaten	Webestühle in Seiden- u. Sammtwaaren überhaupt	Fabriken f. Seiden- u. Sammtwaaren		
		Zahl	Webestühle	Arbeiter
Preußische Monarchie . . .	30,575	274	5121	18,008
Sachsen	521	10	316	316
Thüringen	95	1	15	24
Anhalt	138	3	138	193
Summe . . .	31,329	288	5590	18,541

Industrie in Schafwolle. Die Industrie in Schafwolle gehört zu den bedeutendsten gewerblichen Thätigleiten im Norddeutschen Bunde, nicht nur weil sie über alle Länder desselben verbreitet ist, eine große Anzahl von Menschen ernährt u. große Werthe darstellt, sondern auch weil ihre Waaren eine große Vollkommenheit in der Ausführung nachweisen u. bei verhältnißmäßig billigem Preise starken Absatz in fremden europäischen u. überseeischen Staaten finden. Preußen, insbesondere die Rheinprovinz (Reg.-Bez. Aachen mit den Städten Aachen, Burtscheid, Düren, Montjoie u. Eupen u. Reg.-Bez. Düsseldorf mit den Städten Lennep, Werden, Hückeswagen rc.), Brandenburg mit Berlin, Sachsen u. Schlesien, und das Königreich Sachsen, insbesondere der Reg.-Bez. Zwickau (mit den Städten Glauchau, Meerane, Chemnitz, Frankenberg rc.) nehmen in Bezug auf Streichgarn- u. Kammgarn-Spinnerei u. in der Verfertigung der mannigfachsten Schafwollwaaren einen der ersten Plätze in der Welt ein. Zunächst steht Thüringen, wo vorzüglich in den reußischen Landen eine lebhafte Manufactur von wollenen und halbwollenen Zeugen zu finden ist. Berlin ist ein Hauptplatz für die Erzeugung von Shawls u. Teppichen, für letztere auch Hanau. Zu Ende des J. 1861 gab es in den damals zum Zollvereine gehörigen norddeutschen Bundesstaaten (incl. des oldenb. Fürstenth. Lübeck) 1622 Streichgarn- u. 132 Kammgarnspinnereien (beziehw. 1171 u. 66 in Preußen, 332 u. 39 in Sachsen, 91 u. 20 in Thüringen, 4 u. 5 in Oberhessen, 2 u. 2 in Oldenburg, 21 Streichgarnsp. in Anhalt, 1 solche in Braunschweig) mit 1,230,678 Feinspindeln und 30,701 Arbeitern, 833 Tuchfabriken (572 in Preußen, 135 in Sachsen, 50 in Thüringen, 41 in Oberhessen, 33 in Anhalt u. 2 in Braunschweig) mit 31,061 Arbeitern und 655 Fabriken für andere wollene u. halbwollene Zeuge (251 in Preußen, 321 in Sachsen, 78 in Thüringen, 3 in Braunschweig, je 1 in Waldeck u. Oberhessen) mit 18,668 Arbeitern. Die Zahlen der bei der Schafwoll-Industrie in diesen Staaten thätigen Feinspindeln u. Webestühle (Ende 1861) giebt folgende Uebersicht:

Bundesstaaten	Feinspindeln			Gesammtzahl der Webestühle	darunter Webestühle in d. Fabriken		
	Streichgarn-spinnerei	Kammgarn-spinnerei	Zusammen		Maschinen-stühle	Hand-stühle	Zusammen
Preußische Monarchie . .	679,181	50,883	730,064	41,136	4833	14,783	19,616
Sachsen	303,397	104,622	408,019	23,284	1897	4008	5905
Thüringen	40,994	31,208	72,202	11,930	47	1601	1648
Anhalt	17,151	—	17,151	172	3	148	151
Sonstige Staaten . . .	1,408	1,834	3,242	340	20	180	200
Summe . . .	1,042,131	188,547	1,230,678	76,862	6800	20,720	27,520

Industrie in Flachs und Hanf. Diese gehört gleichfalls zu den hervorragendsten Nahrungszweigen der Bewohner Norddeutschland's. Die Flachsgarnspinnerei ist noch größtentheils Handspinnerei und wird sehr häufig auf dem Lande als Nebenbeschäftigung betrieben, als mechanische findet sie vorzugsweise in den Regierungs-Bezirken Liegnitz (im Riesengebirge) und Minden (in der Grafschaft Ravensberg) statt. Die Garne gehören zu den ausgezeichnetsten auf dem Continente, reichen aber in ihrem Quantum nicht für den Bedarf der inländischen Fabrikation aus. Dasselbe gilt von der Zwirnfabrikation, für welche das Königreich Sachsen u. die Provinzen Rheinland u. Schlesien die Hauptsitze sind. Die Leinenweberei ist allgemein verbreitet u. exportirt ihre Erzeugnisse nach den verschiedensten Ländern. Sie ist bis zur größten Vollkommenheit ausgebildet im Königr. Sachsen (in der Lausitz), in den preuß. Provinzen Schlesien u. Westfalen (in der Gegend von Bielefeld). Aber auch in anderen preußischen Landestheilen (wie in der Provinz Hannover u. dem Reg.-Bez. Kassel), in Oberhessen, in verschiedenen Gegenden Thüringen's u. Braunschweig's hat sie einen großen Aufschwung genommen u. liefert sie geschätzte Waaren von verschiedenen Qualitäten. Seilerwaaren werden in Westfalen, im Kasseler Reg.-Bezirke u. im hannöver'schen Kreise Osterholz in größeren Mengen erzeugt, ebenso in den Hansestädten, deren Segelmacherei gleichfalls einen sehr guten Ruf hat. Abgesehen von der großen Zahl von Kleingewerben gab es zu Ende des J. 1861 in den damaligen norddeutschen Zollvereinsstaaten folgende größere gewerbige Etablissements: 29 Flachs- u. Wergspinnereien (24 in Preußen, 3 in Sachsen, je 1 in Braunschweig u. Oldenburg) mit 8121 Arbeitern, 253 Fabriken für leinene Zeuge (77 in Preußen, 151 in Sachsen, 21 in Oberhessen, 3 in Thüringen u. 1 in Braunschweig) mit 3878 Arbeitern, 326 Garnbleichen, 354 Stückbleichen u. Appreturanstalten für Weißbleichen u. s. w. Die bei den mechanischen Spinnereien im Betriebe befindlichen Feinspindeln u. die bei der gesammten Leinen-

Gewerbliche Industrie. 13

industrie thätigen Webestühle beliefen sich in den ebengenannten Ländern (doch incl. des oldenb. Fürstenthums Lübeck) zu Ende des Jahres 1861 auf folgende Ziffern:

Bundesstaaten	Feinspindeln auf Flachsgarn	Feinspindeln auf Werggarn	Zusammen	Gesammtzahl der Webestühle	darunt. Webestühle in d. Fabriken Maschinenstühle	Handstühle	Zusammen
Preußische Monarchie	65,842	43,970	109,812	392,873	258	1891	2149
Sachsen	6946	6362	13,308	12,191	—	197	197
Oldenburg	—	284	284	5290	—	—	—
Thüringen	—	—	—	5752	—	7	7
Braunschweig	—	1000	1000	4453	18	13	31
Anhalt	—	—	—	1031	—	7	7
Lippe	—	—	—	2496	—	—	—
Waldeck-Pyrmont	—	—	—	73	—	—	—
Oberhessen	—	—	—	3349	—	7	7
Summe	72,788	51,616	124,404	427,508	276	2122	2398

Industrie in Baumwolle. Die Verarbeitung der Baumwolle hat in den norddeutschen Bundesstaaten seit Einführung der mechanischen Spinnapparate eine große Ausdehnung gewonnen u. befindet sich gegenwärtig auf einer hohen Stufe der Entwickelung. Sie ist im Königreiche Sachsen dem Umfange nach der bedeutendste Erwerbszweig; hier blüht sie namentlich im Regierungs-Bezirke Zwickau (zwischen Chemnitz u. Annaberg) und begreist Etablissements, die als Musteranstalten zu betrachten sind. In Preußen zeichnen sich die Regierungs-Bezirke Düsseldorf u. Köln durch die Spinnerei aus; die Weberei ist wohl über alle Provinzen verbreitet, hat aber ihre Hauptsitze in der Rheinprovinz (insbesondere im Reg.-Bez. Düsseldorf, wo die Städte Barmen, Elberfeld, Glabbach, Rheydt u. Neuß in dieser Hinsicht hervorragen), in Westfalen (in der Grafschaft Mark u. im Siegenerlande), in Schlesien (in den Bezirken von Reichenbach, Glatz, Greisenberg u. Schweidnitz), in der Provinz Sachsen (im Eichsfelde ec.) u. in der Provinz Hannover. Sonst wird in Thüringen die Verfertigung von Baumwollwaaren sehr sorgfältig gepflegt, zumal im Reußischen u. in Sachsen-Weimar, ferner in Oldenburg (zu Varel). Die Erzeugung baumwollener Zwirne hat im Königreiche Sachsen (Reg.-Bez. Zwickau) eine hohe Bedeutung erlangt, indem für sie in diesem Staate 39,662 Spindeln in 43 Etablissements (Ende 1861) in Bewegung sind. — Der Norddeutsche Bund importirt Baumwollengarne, exportirt dagegen in großen Mengen baumwollene Gewebe. — Zu Ende des Jahres 1861 wurden, abgesehen von den vielen der Baumwoll-Industrie angehörigen Kleingewerben, in den damals zum Zollvereine gehörigen norddeutschen Bundesstaaten (incl. Fürstenth. Lübeck) gezählt: 235 Maschinenspinnereien in Baumwolle (74 in Preußen, 154 in Sachsen, 4 in Oldenburg, 2 in Thüringen, 1 in Oberhessen) mit 23,904 Arbeitern, 186 Watten- u. Dochtfabriken, 720 Fabriken für baumwollene u. halbbaumwollene Zeuge (382 in Preußen, 291 in Sachsen, 24 in Oberhessen, 11 in Anhalt, 8 in Thüringen u. 4 in Oldenburg) mit 19,578 Arbeitern ec. Die Zahl der Feinspindeln u. der gesammten Webestühle (mit Ausnahme jener der bei der Bandweberei u. der wenigen, die als Nebenbeschäftigung betrieben werden) ist aus Folgendem zu ersehen:

Bundesstaaten	Feinspindeln bei den Maschinenspinnereien	Gesammtzahl der Webestühle	darunter Webestühle in d. Fabriken f. baumw. u. halbbaumw. Zeuge Maschinenst.	Handstühle	Zusammen
Preußische Monarchie	467,653	82,823	8758	4845	13,603
Sachsen	707,387	30,600	1418	1939	3357
Oldenburg	53,102	765	279	—	279
Thüringen	360	6937	37	30	67
Braunschweig	—	193	—	—	—
Anhalt	—	491	2	473	475
Lippe	—	25	—	—	—
Waldeck-Pyrmont	—	50	—	—	—
Oberhessen	2000	1377	9	900	909
Summe	1,230,502	123,261	10,503	8187	18,690

Färberei von Garnen u. Geweben u. Stoffdruckerei. Die Färberei u. Druckerei ist im preuß. Reg.-Bezirke Düsseldorf (insbesondere die Türkischrothfärberei in Elberfeld u. Barmen und die Seidenfärberei in Krefeld) und im sächs. Reg.-Bez. Zwickau zu einer sehr großen Vollkommenheit gediehen. Es bestanden zu Ende d. J. 1861 in den damals zum Zollvereine gehörigen norddeutschen Bundesstaaten (incl. Fürstenth. Lübeck) 39 Türkischrothfärbereien, 720 andere Garnfärbereien in Baumwolle u. Wolle, 163 Garn- und Stückfärbereien u. Appreturanstalten für Seidenwaaren, 996 Stückfärbereien u. Appreturanstalten für andere Waaren, 575 Druckereien für Zeuge aller Art.

Sonstige Zweige der Webe-Industrie. Die Strumpfwaaren-Industrie ist im Königreiche Sachsen (hauptsächlich im Reg.-Bezirke Zwickau), im Großherzogthum Sachsen-Weimar (in Apolda u. anderen Orten) u. im Fürstenth. Reuß älterer Linie (in Zeuleuroda) zu der größten Bedeutung herangewachsen; ihre Erzeugnisse aus diesen Ländern concurriren mit den englischen u. finden auf überseeischen Märkten vielfachen Absatz. In Preußen sind die Reg.-Bezirke Düsseldorf u. Köln u. die Stadt Berlin die Hauptsitze für diesen Industriezweig. Bei der Strumpfweberei und Wirkerei waren Ende 1861 in den norddeutschen Zollvereinsstaaten 32,283 Webestühle (darunter 25,919 in Sachsen, 3502 in Thüringen u. 2784 in Preußen), von denen 4112 Maschinenstühle (3965 in Sachsen), die übrigen Handstühle waren, thätig, ferner 241 Fabriken (151 in Sachsen). — Durch die Spitzenklöppelei u. Weißstickerei haben verschiedene Districte im sächsischen Erzgebirge einen in allen Ländern verbreiteten Ruf erlangt, in der Buntstickerei sind Berlin u. Frankfurt am Main berühmt. Posamentierwaaren aus dem sächsischen Reg.-Bezirke Zwickau, aus Berlin, Barmen u. Brieg in Schlesien werden exportirt. Die Fabrikation von Wachstuch ist im Königreiche Sachsen (namentlich in Leipzig), jene von Sonn- u. Regenschirmen in Preußen (in Berlin, Frankfurt am Main 2c.) am bedeutendsten. Kleider, Wäsche u. Putzwaaren werden in Berlin, Magdeburg, Aachen, Leipzig, Hamburg 2c. fabriksmäßig, für den Handel, erzeugt.

Industrie in Leder und Lederwaaren. Die Gerberei ist in Norddeutschland seit alten Zeiten einheimisch; sie wird mit 8600 Gewerben betrieben und beschäftigt in der Rheinprovinz und in den thüringischen Staaten die meisten Menschen. Das Erzeugniß ist gut und wird ausgeführt. Fabriken von gefärbtem u. lackirtem Leder giebt es im Ganzen (Ende 1861) 76, davon 56 in Preußen, 6 in Thüringen, 5 in Sachsen, 4 in Hamburg, 3 in Anhalt, je 1 in Waldeck u. Lübeck. Die Schuhwaaren-Erzeugung wird an verschiedenen Orten, wie in Erfurt, Naumburg, Sangerhausen, Weißenfels, Berlin, Gotha, Koburg, im Großen und fabriksmäßig für den Export betrieben. Die Erzeugung von Sattler-, Riemer- u. Täschnerwaaren weist in Aachen, Düsseldorf, Berlin u. Breslau, jene von Handschuhen in den beiden letztgenannten Städten, in Magdeburg, Kassel, Hanau, Braunschweig u. Hamburg, jene von Leder-Galanteriewaaren in Berlin das Vollendetste nach.

Industrie in Papier und Papierarbeiten. Die Zahl der Papierfabriken u. Papiermühlen betrug Ende 1861 in den damals zum Zollvereine gehörigen norddeutschen Bundesstaaten 644 (461 in Preußen, 96 in Sachsen, 48 in Thüringen, je 12 in Braunschweig u. Oberhessen, 7 in Anhalt, 6 in Lippe, 2 in Waldeck-Pyrmont) mit 15,267 Arbeitern. Mit Einschluß der in den übrigen norddeutschen Staaten befindlichen Papiermühlen u. Fabriken dürfte deren Anzahl sich wohl auf 700 erhöhen. Die bedeutendsten befinden sich in den Regierungs-Bezirken Arnsberg, Aachen u. Liegnitz, in Berlin, Hamburg 2c.; sie befriedigen nicht allein den erheblich gesteigerten Bedarf Norddeutschlands u. des Zollvereins, sondern exportiren auch noch ansehnliche Mengen. Die Fabrikation von Papiertapeten ist in der Rheinprovinz, in Berlin u. Hamburg am umfangreichsten. Ende 1861 bestanden hierfür, für Bunt- u. Goldpapier 142 Fabriken (83 in Preußen, 24 in Hamburg, 22 in Sachsen, 6 in Thüringen, 3 in Braunschweig, 2 in Anhalt, je 1 in Mecklenburg-Schwerin u. Oberhessen). Für Buchbinder-, Papp- und Cartonnage-Arbeiten sind Berlin, Leipzig, Frankfurt am Main, Halle, Kassel, Hanau, Koblenz 2c., für die Fabrikation von Papiermachéwaaren Berlin, Koblenz und verschiedene Orte in Thüringen, namentlich im meiningen'schen Amte Sonneberg, die wichtigsten Productionsstätten. Es bestanden Ende 1861 358 Steinpapp- und Papiermaché-Fabriken, nämlich 320 in Thüringen, 34 in Preußen, 3 in Sachsen u. 1 in Anhalt.

Industrie in sonstigen animalischen u. vegetabilischen Stoffen. Die Strohwaaren-Manufactur ist hauptsächlich in den preuß. Reg.-Bezirken Erfurt u. Breslau, in den Landschaften Hoya u. Grubenhagen, im sächsischen Gerichtsamte Dippoldiswalde, in Mecklenburg, im oberhessischen Kreise Nidda, in den Städten Frankfurt am Main u. Hamburg zu Hause, die Korbflechterei wird überall betrieben. Eine erhebliche Geschäftsausdehnung ist bei den Sägemühlen u. Fourniersschneidereien, sowie bei der Verfertigung von Holzwaaren, namentlich in Preußen, Sachsen u. Thüringen, bemerkbar. Große Fortschritte hat die Fabrikation von Tischlerwaaren gemacht, insbesondere in Berlin, Köln, Breslau, Kassel, Hanau, Koburg, Hamburg u. Johanngeorgenstadt (Sachsen), ferner jene von Drechslerwaaren in Berlin, Mühlhausen, Danzig (Bernsteinwaaren), Ruhla (Pfeifenköpfe), Waltershausen (in S.-Gotha, Hemdknöpfchen), Frankenhausen (in Schw.-Rudolstadt, Perlmutterfabrikate) u. Hamburg, jene von Tapezierwaaren in Berlin, Frankfurt am Main u. Hamburg. Die Verfertigung von Schnitzwaaren aus Holz, Bein u. dgl. (Spielwaaren 2c.) ist für viele Menschen in den meiningen'schen Amtsbezirken Sonneberg u. Eisfeld, in einigen koburggothaischen Städten, in den Regierungs-Bezirken Erfurt, Liegnitz u. Zwickau ein sehr wichtiger Nahrungszweig geworden und hat sich in den verschiedensten Ländern ein Absatzgebiet errungen. Für Filz- u. Seidenhüte sind Berlin, Hamburg und andere größere Städte, für Kautschuk- u. Guttapercha-Waaren sind Berlin, Elberfeld, Barmen u. Harburg die vorzüglichsten Erzeugungsorte. — Zu Ende des J. 1861 wurden in den damaligen norddeutschen Zollvereinsstaaten gezählt:

Handel und Verkehr.

Bundesstaaten	Strohhut- und Strohwaaren-Manufacturen	Sägemühlen u. Fournierschneidereien	Fabriken f. Möbel, Holzleisten u. Holzschnitzarbeiten	Fabriken f. Spielwaaren, Schachteln u. Kisten	Fabriken für Gummi- u. Guttapercha-Waaren
Preußen	117	3158	100	36	29
Sachsen	52	1321	11	29	3
Oldenburg	—	36	—	—	—
Thüringen	4	772	1	1199	—
Braunschweig	6	47	1	—	—
Anhalt	2	35	—	1	—
Lippe	—	23	—	—	—
Waldeck-Pyrmont	—	25	—	—	—
Oberhessen	24	63	5	1	—
Summe	205	5480	118	1266	32

Handel und Verkehr.

Aeußerer Handel. Der norddeutsche Bund ist mit den süddeutschen Staaten Bayern, Württemberg, Baden u. Hessen, sowie mit dem Großherzogthume Luxemburg zu einem Zoll- und Handelsgebiete geeinigt. Ueber die Fortdauer u. Reform dieses deutschen Zoll- u. Handelsvereins ist der Vertrag vom 8. Juli 1867 maßgebend. Von ihm sind vorläufig die beiden mecklenburgischen Großherzogthümer, welche selbst (mit Ausnahme des Fürstenthums Ratzeburg) seit 1. October 1863 ein gemeinsames Steuer- u. Zollgebiet bilden, die Hansestädte, die Stadt Altona u. der Flecken Wandsbeck ausgeschlossen. Ueber die Verfassung des Zollvereins und über dessen Handelsverkehr, der für Nord- u Süddeutschland nicht getrennt behandelt werden kann, wird später die Rede sein, während an dieser Stelle blos einige Mittheilungen über den hansestädtischen Handel gegeben werden.

a. Hansestadt Hamburg. Der Werth der Einfuhr Hamburg's stellt sich, nach den amtlichen Handelsübersichten für 1864—66, in Mark Banko (à 15 Sgr. 2 Pf.), wie folgt, heraus:

1. Nach den Hauptrichtungen.

	im Jahre 1864	im Jahre 1865	im Jahre 1866
Einfuhr von Süd-Amerika	25,506,380 Mk. Bko.	38,355,530 Mk. Bko.	27,562,410 Mk. Bko.
» » Westindien	10,053,900	9,978,310	7,067,960
» » Nord-Amerika	14,755,050	15,096,390	22,326,920
» » Asien, Afrika, Australien	3,738,990	6,397,340	5,284,560
Transatlantischer Handel	54,054,320	69,827,570	62,241,850
Einfuhr von Großbritannien	252,577,680	227,601,820	222,925,900
» » Nord-Europa	28,650,340	30,309,850	31,525,400
» » Süd-Europa u. der Levante	20,087,100	22,958,790	21,631,100
Häfen Europa's u. der Levante	301,315,120	280,870,460	276,082,400
Einfuhr von u. über Altona	51,041,400	58,408,320	49,547,350
Total seewärts	406,410,840	401,106,350	387,871,600
Einfuhr land- und flußwärts	366,605,930	370,562,530	391,216,410
Gesammt-Einfuhr	773,016,770	771,668,880	779,088,010

2. Nach den Waarengattungen.

Einf. v. Verzehrungsgegenständen	155,292,040	168,702,960	171,959,680
» » Rohstoffen u. Halbfabrikaten	314,406,150	280,558,960	284,693,180
» » Manufacturwaaren	125,557,300	139,331,890	144,464,600
» » Kunst- u. Industrie-Erzeugn.	62,521,470	67,279,230	72,056,170
» » Contanten u. edlen Metallen	115,239,810	115,795,840	105,914,380
Summe	773,016,770	771,668,880	779,088,010

Die Einfuhr verschiedener Hauptartikel betrug in diesen Jahren folgende Ziffern, in deutsch. Zollctrn.:

	1864	1865	1866		1864	1865	1866
Kaffee	737,916	983,059	826,961	Eisen	1,152,887	1,378,303	1,045,200
Thee	24,474	25,232	28,758	Baumwolle	448,506	564,049	753,577
Zucker, roh	446,533	447,265	760,930	Schafwolle	134,409	118,351	145,333
» raffinirt	94,556	78,352	100,226	Baumwollgarn	131,229	166,486	154,458
Tabak	225,416	264,005	243,612	Schafwollgarn	154,162	142,100	114,645
Cigarren	13,107	11,142	9,990	Leinengarn u. Zwirn	91,349	70,922	63,704
Reis	397,384	264,032	269,883				
Getreide	3,094,981	2,838,429	3,217,259	Baumwollwaar.	86,393	101,288	139,333
Mehl u. a. Mühlenfabrikate	544,403	389,832	499,900	Schafwollwaar.	133,752	150,999	158,115
				Leinenwaaren	131,558	144,379	145,966
Steinkohlen	10,530,759	11,744,297	10,543,339	Maschinen	207,052	168,140	139,116

Ueber die hamburgische Waaren-Ausfuhr der neuesten Zeit fehlen alle Daten.

Norddeutscher Bund 1868.

b. **Hansestadt Lübeck.** Der Werth der Einfuhr in Mark Courant (2½ = 1 Thlr.) belief sich in den Jahren 1864—66 auf folgende Ziffern:

	im Jahre 1864		im Jahre 1865		im Jahre 1866	
	Totale	dar. Contanten u. edle Metalle	Totale	dar. Contanten u. edle Metalle	Totale	dar. Contanten u. edle Metalle
Seewärts	21,792,140	1,000,156	25,417,778	4,713,375	29,321,191	8,983,380
Land- u. flußwärts	56,201,160	3,299,100	66,013,039	13,129,230	51,319,994	2,231,700
Zusammen	77,993,300	4,299,286	91,430,817	17,842,605	80,641,185	11,215,050

Von dem Werthe der See-Einfuhr entfielen im Jahre 1866 21,7 Proc. auf Rußland u. Finnland, 5,7 Proc. auf Schweden, 4,4 Proc. auf Dänemark u. 1,4 Proc. auf Großbritannien. — Ueber die Gesammt-Ausfuhr fehlen auch hier die Daten.

c. **Hansestadt Bremen.** Ueber den Werth der Ein- u. Ausfuhr in den Jahren 1864—66 giebt folgende Uebersicht Auskunft — in Rthlrn. Gold (100 solche Thlr. = 110,143 Thlr. preuß. Cour.):

	im Jahre 1864		im Jahre 1865		im Jahre 1866	
	Einfuhr	Ausfuhr	Einfuhr	Ausfuhr	Einfuhr	Ausfuhr
1. Nach den Hauptrichtungen						
Vereinigte Staaten	9,155,912	8,062,679	10,847,602	13,002,370	15,424,105	17,811,840
Uebriges Amerika	12,531,399	2,250,635	11,938,027	2,029,730	11,577,846	2,343,496
Asien, Afrika, Australien	5,059,577	947,086	4,841,251	781,796	5,376,456	1,159,603
Ausrüst. b. Handelsflotte	—	703,955	—	820,846	—	926,768
Transatlant. Handel	26,746,888	11,964,355	27,626,880	16,634,742	32,378,407	22,241,707
Zollverein, zur See	1,719,342	3,822,752	1,838,564	4,112,450	1,642,775	4,242,230
Uebriges Europa zur See	14,029,346	11,904,834	20,275,092	11,711,002	21,880,320	11,881,947
Europäisch. Seehandel	15,748,688	15,727,586	22,113,656	15,823,452	23,523,095	16,124,177
Zollverein land- u. flußwärts	21,248,314	27,993,685	23,290,423	33,207,718	28,996,666	34,498,074
Uebriges Europa	3,370,040	5,781,222	4,263,414	5,213,931	4,325,144	7,475,356
Landhandel	24,618,354	33,774,907	27,553,837	38,421,649	33,321,810	41,963,430
Gesammthandel	67,113,930	61,466,848	77,294,373	70,879,843	89,223,312	80,329,314
2. Nach d. Waarengattungen						
Verzehrungsgegenstände	29,084,666	27,756,184	31,005,622	29,827,461	28,645,724	28,991,926
Rohstoffe	17,277,729	16,208,229	19,853,605	18,518,119	27,120,801	23,298,433
Halbfabrikate	4,047,952	3,568,451	6,058,698	5,355,591	7,060,076	6,522,466
Manufacturwaaren	9,344,610	7,431,786	13,088,237	11,096,523	15,422,198	13,432,963
And. Industrie-Erzeugn.	7,302,870	6,447,043	7,171,949	6,075,349	9,153,590	8,063,126
Contanten u. edle Metalle	56,101	55,125	116,262	6,800	1,820,923	20,400
Zusammen	67,113,930	61,466,848	77,294,373	70,879,843	89,223,312	80,329,314

Die Ein- und Ausfuhr einiger Hauptartikel ergab in den genannten drei Jahren folgende Ziffern, in deutschen Zollctrn.:

	Einfuhr			Ausfuhr		
	1864	1865	1866	1864	1865	1866
Roher Tabak	705,897	716,889	685,585	638,201	703,606	667,196
Baumwolle	113,848	162,937	287,952	109,872	162,577	267,378
Reis	902,800	847,088	874,658	632,103	583,575	824,533
Zucker, roh	124,281	126,428	226,231	21,962	42,274	35,963
„ raffinirt	19,383	17,088	17,848	46,060	80,698	89,065
Kaffee	87,857	174,492	101,113	65,092	123,256	85,164
Färbehölzer	66,652	98,029	72,521	63,087	81,110	67,822

Seeschifffahrt. Die Kauffahrteischiffe aller Bundesstaaten bilden eine einheitliche Handelsmarine. — Der Bestand der norddeutschen Handelsflotte ist, abgesehen von den kleinsten Fahrzeugen, folgender:

	Seeschiffe	Lasten à 4000 Zollpfd.	darunter Dampfer	
			Schiffe	Lasten
Altpreußen (Anfangs 1866, incl. 86 Bugsir- u. Flußdampfer)	1454	191,484	113	5200
Provinz Hannover (Ende 1866)	1354	68,002	—	—
Schleswig-Holstein (Anfangs 1866)	2531	68,176	7	296
Summe für Preußen	5339	327,662	120	5496
Mecklenburg-Schwerin (Ende 1866, incl. 5 Flußdampfer)	448	81,059	8	?
Oldenburg (Ende 1866, incl. Fluß- u. Küstenschiffe)	633	34,090	1	23
Hamburg (Ende 1866)	509	121,255	26	12,049
Lübeck (Ende 1866)	43	5,310	15	1,642
Bremen (Ende 1866)	291	110,596	14	16,047
Gesammtsumme	7263	679,971	184	35,257

Handel und Verkehr.

Der See-Schifffahrtsverkehr in sämmtlichen Häfen des Norddeutschen Bundes (ohne die mecklenburgischen) war in den Jahren 1864 bis 1866 folgendermaßen gestaltet (Lasten à 4000 Zollpfd.); für das Jahr 1866 liegen uns die Daten über den Seeschiffsverkehr in der Prov. Schleswig-Holstein nicht vor; über die beiden mecklenburgischen Häfen Rostock (Warnemünde) und Wismar nur die Schiffszahl, aber keine Angabe über deren Tragfähigkeit oder Belastung; über den Freibafen von Altona endlich nur die Zahl der eingelaufenen Schiffe:

Häfen in	Eingelaufen						Ausgelaufen					
	1864		1865		1866		1864		1865		1866	
	Schiffe	Lasten	Schiffe	Lasten	Schiffe	Lasten	Schiffe	Lasten	Schiffe	Lasten	Schiffe	Lasten
Altpreußen	8384	664827	10427	852089	9937	807973	8442	671624	10368	847537	9922	806791
Prov. Hannover	3130	138929	3269	149618	3073	167294	3164	137395	3252	151052	3104	169784
- Schlw.-Holst. ohne Altona	28685	375919	37095	519030			28522	371419	37441	524158		
Summe f. Preuß.	40199	1179675	50791	1520737			40128	1180438	51061	1522747		
Oldenburg	757	61408	1052	85700	704	49534	661	63368	971	86874	704	59465
Hamburg	5012	698864	5186	915602	5185	885115	5006	694611	5186	810999	5210	888375
Lübeck	1494	115460	1765	139778	1829	145081	1484	115536	1758	139120	1840	146283
Bremen	2604	274707	2608	318260	2870	373785	2784	277199	2951	339244	3209	384132
Hauptsumme	50056	2330114	61402	2880077			50063	2331152	61927	2898984		
Altona	1147	70321	1172	68425	1188	63066						
Mecklenburg	742		996		896		758		992		915	

Unter den preußischen Häfen sind noch folgende hervorzuheben:

Häfen	Eingelaufen				Ausgelaufen			
	1865		1866		1865		1866	
	Schiffe	Lasten	Schiffe	Lasten	Schiffe	Lasten	Schiffe	Lasten
Swinemünde (Stettin)	3193	277,361	3136	262,446	3303	279,339	3259	263,422
Danzig	2491	270,804	2063	229,236	2526	274,350	2049	224,823
Pillau (Königsberg)	1278	88,794	1399	102,691	1239	87,934	1386	103,940
Memel	929	115,210	995	114,358	926	114,412	926	113,168
Kiel	4102	100,131	3833	97,509	?	?	3887	99,277

Land- und Wasserstraßen, Eisenbahnen. Die Länge der Chausseen beträgt im norddeutschen Bundesgebiete (ohne Oberhessen) ungefähr 8000 geogr. Ml., jene der schiffbaren Wasserstraßen in der preußischen Monarchie allein 1058 Ml. — Die Länge der auf norddeutschem Bundesgebiete belegenen Eisenbahnen (incl. 9,3 M. in Oberhessen) erreichte am 1. Januar 1868 1567,03 geogr. Mln. Es kommt also im norddeutschen Bundesgebiete bereits auf $4^{6}/_{10}$ OMl. 1 Mle. Eisenbahn. Von den genannten 1567,03 geogr. Ml. kommen:

auf die königl. preußischen Staatsbahnen . . . . 438,23 Ml.
- - königl. sächsischen Staatsbahnen (incl. der erpachteten Strecken) . . . . 102,24 -
- - großh. mecklenburg. Friedrich-Franz-Eisenbahn . . . . 16,18 -
- - herzogl. braunschweig'sche Staatsbahn . . . . 34,70 -
- - großh. oldenburgischen Staatsbahnen . . . . 12,91 -
- - unter kön. preuß. Staatsverwaltung stehenden Privatbahnen . . . 237,70 -
alle anderen Privatbahnen . . . . 725,07 -

Summe . . . . . 1567,03 -

Nach der Bundesverfassung verpflichten sich die Bundesregierungen, die im Bundesgebiete belegenen Eisenbahnen im Interesse des allgemeinen Verkehrs wie ein einheitliches Netz verwalten u. zu diesem Behufe auch die neu herzustellenden Bahnen nach einheitlichen Normen anlegen und ausrüsten zu lassen. Eisenbahnen, welche im Interesse der Vertheidigung des Bundesgebiets oder im Interesse des gemeinsamen Verkehrs für nothwendig erachtet werden, können kraft eines Bundesgesetzes auch gegen den Widerspruch der Bundesglieder, deren Gebiet die Eisenbahnen durchschneiden, unbeschadet der Landeshoheitsrechte, für Rechnung des Bundes angelegt oder an Privatunternehmer zur Ausführung concessionirt werden.

Banken und Anstalten für den Geschäfts- und industriellen Credit. Solche Institute sind: in Preußen die kön. Seehandlung in Berlin, die preußische Bank zu Berlin (Actiencapital 20 Mill. Thlr.), die Banken in Frankfurt am Main (Act.-Cap. 20 Mill. fl. südd. Währ.) u. Hannover (Act.-Cap. 12 Mill. Thlr.), die Bank des Berliner Kassenvereins (Act.-Cap. 1 Mill. Thlr.), die ritterschaftliche Privatbank in Stettin (Act.-Cap. 2 Mill. Thlr.), die communalständische Bank für die Oberlausitz in Görlitz (Stammcapital 1 Mill. Thlr.), die städtische Bank in Breslau, die Provinzial-Actienbank zu Posen, die Privatbanken zu Magdeburg, Danzig, Königsberg u. Köln (Act.-Cap. einer jeden 1 Mill. Thlr.), die Banken in Homburg (Act.-Cap. 1 Mill. fl. südd. W.), Wiesbaden u. Marienburg, die Vereinsbank in Kiel, der schlesische Bankverein in Breslau (Act.-Cap. 6 Mill. Thlr.), der Schaaffhausen'sche Bankverein in Köln, die Bankvereine in Barmen, Halle u. Magdeburg, die Handelsgesellschaft in Berlin, die Disconto-Gesellschaft in Berlin, die Discontobank in Krefeld, der Creditverein für Handel, Industrie u. Gewerbe in Wiesbaden, die Creditgesellschaften in Elbing, Hagen, Thorn, Kulm u. Graudenz u. die Vereinskasse in Frankfurt a. M.; — in Sachsen die sächsische Bank zu Dresden (Act.-Cap. 5 Mill. Thlr.), die Banken in Leipzig (Act.-Cap. 3 Mill. Thlr.), Chemnitz, Bautzen (landständ. für die Ober-Lausitz), die allgemeine deutsche Creditanstalt in Leipzig (A.-C. 20 Mill. Thlr.) u. der Leipziger Kassenverein; — in den übrigen Bundesstaaten die herzogl. Landesbank in Altenburg, die Banken in Weimar (Act.-Cap. 5 Mill. Thlr.), Gotha (A.-C. 4 Mill. Thlr.), Sondershausen (thüring. Bank, A.-C. 3 Mill. Thlr.), Gera (A.-C. 5½ Mill. Thlr.), Rostock (A.-C. 2 Mill. Thlr.), Braunschweig (A.-C. 3½ Mill. Thlr.), Dessau (A.-C. 1 Mill. Thlr.) und Bückeburg (niedersächs. Bank, A.-C. 11 Mill. Thlr.), die norddeutsche u. die Vereinsbank in Hamburg (jede mit einem Actiencapitale von 20 Mill. Mark Banko), die Hamburger (Giro-)Bank, die Lübecker Privatbank (A.-C. 1 Mill. Mark Cour.), die Commerzbank in Lübeck (A.-C. 1½ Mill. Thlr.), die Bremer Bank (A.-C. 5 Mill. Thlr. Gold); die mitteldeutsche Creditbank für Handel u. Industrie zu Meiningen (A.-C. 8 Mill. Thlr.), die Creditanstalten zu Koburg (A.-C. 10 Mill. Thlr.), Dessau (A.-C. 8 Mill. Thlr.) und Braunschweig (herzogl. Leihhausanstalt), die Spar- u. Leihbank zu Oldenburg und die Depositenbank in Bremen.

Post- und Telegraphenwesen. Die Posten in verschiedenen deutschen Landen, welche sich seither im Besitze und Genuße des fürstl. Hauses Thurn und Taxis befunden haben, gingen (zufolge Vertrags vom 28. Januar 1867) vom 1. Juli 1867 ab an Preußen über, welches auch seit 23. März 1867 die Staatstelegraphen im Königreiche Sachsen übernahm. Seit 1. Januar 1868 sind im Norddeutschen Bunde, den Bestimmungen der Bundesgesetze gemäß, das Postwesen und das Telegraphenwesen als einheitliche Staatsverkehrsanstalten eingerichtet und werden vom Bundespräsidium verwaltet; die Einnahmen aus ihnen sind für den ganzen Bund gemeinschaftlich. Das Postwesen erfuhr durch die beiden Bundesgesetze vom 2. u. 4. Novbr. 1867 eine wesentliche Förderung, ebenso durch die Postverträge vom 23. November 1867, welche (an Stelle des frühern deutsch-österr. Postvereins) den Norddeutschen Bund mit den süddeutschen Staaten, Oesterreich u. Luxemburg in engere Verbindungen bringen. Der Norddeutsche Bund gehört zum deutsch-österr. Telegraphenvereine (Telegraphen-Vertrag v. 30. Septbr. 1865); auch gelten für ihn die Bestimmungen des internationalen Telegraphen-Vertrags, der zwischen den europäischen Continentalstaaten am 17. Mai 1865 abgeschlossen wurde. — Die Länge der preußischen Staatstelegraphen-Linien betrug am Schluße des Jahres 1866 2072 Ml., jene der Leitungen auf diesen Linien 6785 Ml.

Unterrichtsanstalten.

Volksschulen. Der ganze Norddeutsche Bund besitzt ungefähr 42,000 Volksschulen, in welchen etwa 4⅗ Mill. Schüler beiderlei Geschlechts unterrichtet werden. Es entfällt somit auf 1000 Einwohner eine Schülerzahl von 157. Dieses durchschnittliche Verhältnis wird in Braunschweig, Anhalt, Oldenburg, Sachsen u Thüringen beträchtlich überschritten (auf 1000 Einwohner 170—177 Schüler), in Mecklenburg dagegen (auf 1000 Einwohner 121 Schüler) bei Weitem nicht erreicht. Angehende Schullehrer werden in 126 Seminarien (1 darunter in Oberhessen) ausgebildet. — Abgesehen von den großherzogl. hessischen Landestheilen ist der Bestand der Volksschulen u. Schullehrer-Seminarien folgender:

Bundesstaaten	Volksschulen	Zahl der Schüler	Schullehrer-Seminarien
Altpreuß. Provinzen (Ende 1864 — ohne die sog. mittleren Privatschulen)	26,472	2,969,066	62
Neupreußische Landestheile (incl. Lauenburg, 1862—1865)	7600	680,000	20
Summe für Preußen	34,072	3,649,066	82
Sachsen (1866).	2100	400,229	11
Mecklenburg (1863—66, Schülerzahl approxim.)	1713	80,000	3
Oldenburg (1865/66, ohne die neuen Gebietstheile)	575	51,800	2
Thüringische Staaten (1862—67)	1701	164,343	12
Uebrige Staaten, approximativ	1411	165,000	15
Hauptsumme (ohne d. großh. hess. Gebietstheile) . .	41,572	4,510,438	125

In Preußen, Sachsen u. anderen Staaten bestehen neben den eigentlichen Volksschulen noch sogen. Sonntagsschulen (Handwerker-Fortbildungsanstalten).

Gymnasien und Realschulen. Der Bestand dieser Lehranstalten war im J. 1867 folgender (größtentheils auf Grund der Daten in Mushacke's Schulkalender 1868):

Unterrichtsanstalten.

Bundesstaaten	Gymnasien	Realgymnasien	Progymnasien	Real-u.höh.Bürgerschul. Anzahl	dar. m. Gymnasien u. Progymn. verein.	Gesammtzahl der Schüler
Altpreußische Provinzen	159	1	59	134	17	80,523
Neupreuß. Landestheile incl. Lauenburg	37	2	17	44	6	14,602
Summe für Preußen	196	3	76	178	23	95,125
Sachsen	11	—	2	7	4	4308
Mecklenburg	8	—	—	11	4	2945
Oldenburg	4	—	1	3	—	968
Thüringische Staaten	14	1	3	15	6	4549
Braunschweig	5	1	—	1	—	1300
Anhalt	4	—	—	3	2	1944
Oberhessen	2	—	—	3	—	631
Uebrige Staaten	7	1	1	10	3	3316
Hauptsumme	251	6	83	231	42	115,086

Zu den Real- und höheren Bürgerschulen sind, außer den mit Gymnasien u. Progymnasien vereinigten, noch die an Gelehrtenschulen bestehenden Realclassen zu zählen; solche bestehen an 38 preußischen u. an 3 oldenburgischen Gelehrtenschulen, sowie an dem Gymnasium in Walbeck.

Universitäten. Mit Ausnahme der Akademie in Münster, welche nur 2 Facultäten (die katholisch-theologische und die philosophische) begreift, besteht jede der norddeutschen Universitäten aus 4 Facultäten (der theologischen, juristischen, medicinischen und philosophischen), von denen die theologische in Breslau u. Bonn gedoppelt ist (katholisch u. evangelisch), während sie sonst der evangelischen Confession angehört. Der Bestand der 14 norddeutschen Universitäten war im Wintersemester 1866/67 folgender:

Universität	Lehrende	Studirende	Universität	Lehrende	Studirende
Berlin (Preußen)	186	3007	Jena (Thüringen)	69	447
Leipzig (Sachsen)	116	1171	Greifswald (Preußen)	55	442
Breslau (Preußen)	92	1043	Gießen (Hessen)	54	349
Bonn "	105	952	Marburg (Preußen)	57	245
Halle "	73	833	Kiel	49	229
Göttingen "	116	769	Rostock (Mecklenburg)	37	166
Münster "	27	538	Summe	1099	10,651
Königsberg "	63	460			

Polytechnische Schulen. Solche giebt es im Gebiete des Norddeutschen Bundes 6, nämlich die Bauakademie u. die Gewerbeakademie in Berlin (erstere mit 2 Lehrgängen, letztere mit einer allgemeinen Abtheilung u. 3 besonderen Abtheilungen für Mechanik, Chemie u. Hüttenkunde, Schiffsbau), die polytechnische Schule zu Hannover (mit einer Vor- u. einer Hauptschule), die höhere Gewerbschule zu Kassel, die polytechnische Schule in Dresden (mit einem allgemeinen Cursus, 4 Fachschulen: der mechanisch-technischen, der Ingenieur-, der chemisch-technischen Schule u. der Abtheilung für Lehrer der Mathematik, Naturwissenschaften u. Technik, ferner mit 1 Abtheilung für Medailleure, 1 Zeichen u. 1 Cursus für Zoll- u. Steuerbeamte), die polytechnische Schule in Braunschweig (Collegium Carolinum, mit 5 Fachschulen: für Maschinenbau, für Bau- und Ingenieurwissenschaft, für das Hütten- u. Salinenfach, für chemische Technologie, für Pharmacie, für Forstwirthschaft, für Landwirthschaft, für den Eisenbahn- und Postdienst). Die Zahl der Lehrenden u. Studirenden (incl. Hospitanten) an diesen Unterrichtsanstalten beträgt:

	Lehrende	Studir.		Lehrende	Studir.
Bauakademie in Berlin (1864/65)	38	494	Höh. Gewerbschule in Kassel (1866/67)	12	102
Gewerbe-Akad. in Berlin (1866/67)	28	480	Polyt. Schule in Dresden (1866/67)	29	376
Polyt. Schule in Hannover (1865/66)	27	466	" " Braunschweig (1864/65)	27	170
			Summe	161	2088

Fach- und Special-Lehranstalten. Als solche bestehen: 1) für Theologie und Philosophie, das Lyceum Hosianum (mit kathol.-theolog. u. philosoph. Facultät) in Braunsberg, das Seminarium Theodorianum (kathol.-theolog. u. philosoph. Lehranstalt) in Paderborn, die katholischen Priester-Seminarien in Pelplin, Gnesen, Posen, Trier, Hildesheim, Fulda u. Limburg, alle in Preußen, die evangel. Prediger-Seminarien zu Wittenberg, Hannover, Loccum u. Herborn (Preußen), Wolfenbüttel (Braunschweig) u. Friedberg (Oberhessen), das theologische Seminar der Herrnhuter in Gnadenfeld (Preußen); das jüdisch-theologische Seminar in Breslau. 2) Für Medicin u. Chirurgie, Hebammenkunst, Pharmacie u. Thierheilkunde, das medicinisch-naturwissenschaftliche Institut in Frankfurt a. M., das anatomisch-chirurgische Collegium in Braunschweig u. die anatomische Lehranstalt in Hamburg; die fünf pharmaceutischen Privatlehranstalten in Preußen u. die pharmaceutische Lehranstalt in Hamburg; die Hebammen-Lehr-

2*

anstalten, 29 in Preußen u. 12 in den anderen Bundesstaaten; die Thierarzneischulen in Berlin, Hannover u. Dresden. 3) Für Gewerbe, Handel u. Nautik, in Preußen die Handelslehranstalten in Berlin, Danzig, Breslau, Erfurt, Koblenz, Frankfurt a. M. u. and. Orten, die höhere Gewerkschule zu Hildesheim u. die höheren Gewerbschulen zu Barmen u. Frankfurt a. M., die 27 Provinzial-Gewerbschulen in den altpreußischen Provinzen, die vielen Gewerbschulen in den neupreußischen Landestheilen, die 8 Kunst- u. Baugewerkschulen, die Weberschulen in Elberfeld, Mühlheim a. d. Rh. u. Krefeld, die k. Musterzeichnenschule in Berlin, die 16 Navigationsschulen ꝛc.; in Sachsen die höhere Gewerb- und Werkmeisterschule in Chemnitz, die Techniken zu Frankenberg u. Mittweida, die 5 Baugewerkenschulen, die 4 Schifferschulen, die 6 Weberschulen, die 15 höheren u. niederen Handelsschulen, die niederen Gewerbe- u. gewerblichen Fortbildungsschulen ꝛc.; in Mecklenburg das Handelsinstitut zu Rostock, die 5 Navigations- u. die 42 Gewerbschulen; in Oldenburg die Gewerbschule in der Hauptstadt u. die Navigationsschule zu Elsfleth; in Thüringen die Baugewerkschulen in Weimar, Saalfeld, Koburg und Gotha, die Bauschule in Schleiz, die kaufmännische Hochschule in Gera, die Handelsschulen zu Weimar, Gotha u. Gera, die Gewerbschulen ꝛc.; in Braunschweig die kaufmännische u. die landwirthschaftlich-technische Lehranstalt in der Hauptstadt, die Baugewerkschule zu Holzminden u. die Gewerbschule zu Blankenburg; in Anhalt die Handelsschule in Dessau u. in Cöthen; die Gewerbschule in Zerbst; in den Hansestädten die Handelsakademieen in Hamburg u. Lübeck, die Handelsschule in Lübeck, die Baugewerkschule in Bremen, die 5 Navigations- u. die niederen Gewerbschulen. 4) Für Land- und Forstwirthschaft, in Preußen die landwirthschaftlichen Akademieen zu Eldena, Proskau, Poppelsdorf u. Göttingen-Weende, die landwirthschaftlichen Lehranstalten zu Geberbeck u. auf dem Geisberge bei Wiesbaden u. die beiden mit den Universitäten Berlin u. Halle in Verbindung stehenden landwirthschaftlichen Institute, die höheren Forstlehranstalten zu Neustadt-Eberswalde u. Münden, die 26 Ackerbauschulen (1864), die drei Forstschulen, das Jagdlehrinstitut zu Berlin, die vielen landwirthschaftlichen Fortbildungsschulen u. verschiedene landwirthschaftliche Specialschulen; in Sachsen die Akademie für Forst- und Landwirthe zu Tharandt u. die landwirthschaftlichen Lehranstalten zu Plagwitz, Dresden u. Chemnitz; in den übrigen Bundesstaaten die landwirthschaftlichen Institute in Jena u. Gießen, die Forstlehranstalt in Eisenach u. 16 niedere landwirthschaftliche Schulen (darunter 1 in Oberhessen). 5) Für Bergbau und Hüttenwesen, die Bergakademieen zu Berlin, Klausthal u. Freiberg (Sachsen), 9 Bergschulen in Preußen, 3 in Sachsen u. 1 in Reuß (Lobenstein). 6) Für Künste, die Kunstakademieen in Berlin, Königsberg, Düsseldorf, Kassel, Hanau, Dresden u. Leipzig, die Kunstschulen in Weimar u. Frankfurt a. M., das Musik-Conservatorium in Leipzig, die Musikschule in Frankfurt a. M., die Sing-Akademie in Berlin, das Gesang-Conservatorium in Koburg u. s. w. 7) Für militärische Ausbildung, die Kriegsakademie in Berlin, die vereinigte Artillerie- u. Ingenieur-Schule ebenda, die 6 Kriegsschulen zu Potsdam, Erfurt, Neiße, Engers, Hannover u. Kassel, die Marineschule in Kiel; das Cadettencorps, die Oberfeuerwerkerschule in Berlin, die Unterofficiersschulen in Potsdam, Jülich u. Biebrich; das medicinisch-chirurgische Friedrich-Wilhelmsinstitut und die medicinisch-chirurgische Militär-Akademie in Berlin, die Militär-Roßarztschule ebenda; die Militärreitschule zu Hannover, die Militär-Schießschule in Spandau, die Artillerie-Schießschule und die Central-Turnanstalt in Berlin; im Königreiche Sachsen überdem das Cadettencorps, die mit diesem vereinigte Artillerieschule u. die Militär-Reitschule in Dresden.

Bundesverfassung.

Zweck des Bundes u. Bundesgesetzgebung. Der Norddeutsche Bund ist durch die von Preußen mit verschiedenen deutschen Staaten am 18. u. 21. Aug. 1866 abgeschlossenen Bündnißverträge entstanden. Seine Verfassung wurde mit einem zu diesem Zwecke berufenen Reichstage vereinbart und in dem ganzen Umfange des Bundesgebiets unter dem 25. Juni 1867 verkündet; sie hat am 1. Juli 1867 die Gesetzeskraft erlangt. Nach derselben schließen die Souveräne der auf Seite 1 u. 2 genannten Staaten, die Senate der drei Hansestädte u. der Großherzog von Hessen (letzterer blos für die nördlich vom Main belegenen Theile seines Staates) einen ewigen Bund zum Schutze des Bundesgebietes und des innerhalb desselben giltigen Rechts, sowie zur Pflege der Wohlfahrt des deutschen Volkes, welcher den Namen des „Norddeutschen" führt. — Für den ganzen Umfang des Bundesgebiets besteht ein gemeinsames Indigenat mit Wirkung, daß der Angehörige eines jeden Bundesstaats in jedem andern Bundesstaate als Inländer zu behandeln und demgemäß zum festen Wohnsitze, zum Gewerbebetriebe, zu öffentlichen Aemtern, zur Erwerbung von Grundstücken, zur Erlangung des Staatsbürgerrechts u. zum Genusse aller sonstigen bürgerlichen Rechte unter denselben Voraussetzungen wie der Einheimische zuzulassen, auch in Betreff der Rechtsverfolgung u. des Rechtsschutzes demselben gleich zu behandeln ist. Dem Auslande gegenüber haben alle Bundesangehörigen gleichmäßig Anspruch auf den Bundesschutz. — Der Beaufsichtigung des Bundes und der Gesetzgebung desselben unterliegen die nachstehenden Angelegenheiten: 1) die Bestimmungen über Freizügigkeit, Heimats- u. Niederlassungsverhältnisse, Staatsbürgerrecht, Paßwesen u. Fremdenpolizei und über den Gewerbebetrieb, einschließlich des Versicherungswesens, über die Colonisation und die Auswanderung nach außerdeutschen Ländern; 2) die

Bundesverfassung.

Zoll- und Handelsgesetzgebung und die für Bundeszwecke zu verwendenden Steuern, namentlich die Verbrauchsabgaben von einheimischem Zucker, Branntwein, Salz, Bier u. Tabak; 3) die Ordnung des Maß-, Münz- und Gewichtssystems, nebst Feststellung der Grundsätze über die Emission von fundirtem u. unfundirtem Papiergelde; 4) die allgemeinen Bestimmungen über das Bankwesen; 5) die Erfindungspatente; 6) der Schutz des geistigen Eigenthums; 7) Organisation eines gemeinsamen Schutzes des deutschen Handels im Auslande, der deutschen Schiffahrt und ihrer Flagge zur See und Anordnung gemeinsamer consularischer Vertretung, welche vom Bunde ausgestattet wird; 8) das Eisenbahnwesen (einschließlich der Controle über die Tarife) und die Feststellung von Land- u. Wasserstraßen im Interesse der Landesvertheidigung und des allgemeinen Verkehrs; 9) der Flößerei- und Schiffahrtsbetrieb auf den mehreren Staaten gemeinsamen Wasserstraßen, der Zustand der letzteren, sowie die Fluß- und sonstigen Wasserzölle; 10) das Post- u. Telegraphenwesen; 11) Bestimmungen über die wechselseitige Vollstreckung von Erkenntnissen in Civilsachen u. Erledigung von Requisitionen überhaupt, sowie 12) über die Beglaubigung von öffentlichen Urkunden; 13) die gemeinsame Gesetzgebung über das Obligationenrecht, Strafrecht, Handels- u. Wechselrecht und das gerichtliche Verfahren; 14) das Militärwesen des Bundes u. die Kriegsmarine; 15) Maßregeln der Medicinal- u. Veterinärpolizei. Die Bundesgesetzgebung wird ausgeübt durch den Bundesrath und den Reichstag. Die Uebereinstimmung der Mehrheitsbeschlüsse beider Versammlungen ist zu einem Bundesgesetze erforderlich und ausreichend. Bei Gesetzesvorschlägen über das Militärwesen und die Kriegsmarine giebt, wenn im Bundesrathe eine Meinungsverschiedenheit stattfindet, die Stimme des Präsidiums den Ausschlag, wenn sie sich für die Aufrechthaltung der bestehenden Einrichtungen ausspricht. — Veränderungen der Bundesverfassung erfolgen im Wege der Gesetzgebung, jedoch ist zu denselben im Bundesrathe eine Mehrheit von zwei Dritteln der vertretenen Stimmen erforderlich. — Die Beziehungen des Bundes zu den südbeutschen Staaten sollen durch Verträge geregelt werden; der Eintritt der südbeutschen Staaten oder eines derselben in den Bund erfolgt auf den Vorschlag des Bundespräsidiums im Wege der Bundesgesetzgebung.

Bundesrath. Der Bundesrath besteht aus den Vertretern der Mitglieder des Bundes, unter welchen die Stimmführung sich nach Maßgabe der Vorschriften für das Plenum des ehemaligen deutschen Bundes vertheilt, so daß Preußen mit seinen neuen Landestheilen 17 Stimmen führt, Sachsen 4, Mecklenburg-Schwerin und Braunschweig je 2, jedes der übrigen Mitglieder des Bundes je 1 Stimme; Summe 43 Stimmen. Jedes Mitglied des Bundes kann so viel Bevollmächtigte zum Bundesrathe ernennen, wie es Stimmen hat; doch kann die Gesammtheit der zuständigen Stimmen nur einheitlich abgegeben werden. Jedes Bundesglied ist befugt, Vorschläge zu machen u. in Vortrag zu bringen; die Beschlußfassung erfolgt mit einfacher Mehrheit; bei Stimmengleichheit giebt die Präsidialstimme den Ausschlag. — Der Bundesrath bildet aus seiner Mitte dauernde Ausschüsse 1) für das Landheer u. die Festungen; 2) für das Seewesen; 3) für Zoll- u. Steuerwesen; 4) für Handel u. Verkehr; 5) für Eisenbahnen, Post u. Telegraphen; 6) für Justizwesen; 7) für Rechnungswesen. In jeden dieser Ausschüsse sind außer dem Präsidium mindestens zwei Bundesstaaten vertreten u. führt innerhalb derselben jeder Staat nur eine Stimme. Die Mitglieder der Ausschüsse zu 1 und 2 werden von dem Bundesfeldherrn ernannt, die der übrigen von dem Bundesrathe gewählt. Die Zusammensetzung dieser Ausschüsse wird für jede Session des Bundesraths, resp. mit jedem Jahre erneuert. Den Ausschüssen werden die zu ihren Arbeiten nöthigen Beamten zur Verfügung gestellt. — Jedes Mitglied des Bundesraths hat das Recht, im Reichstage zu erscheinen und muß daselbst auf Verlangen jederzeit gehört werden, um die Ansichten seiner Regierung zu vertreten. Niemand kann gleichzeitig Mitglied des Bundesraths und des Reichstags sein.

Bundespräsidium. Das Präsidium des Bundes steht der Krone Preußen zu, welche in Ausübung desselben den Bund völkerrechtlich zu vertreten, im Namen des Bundes Krieg zu erklären und Frieden zu schließen, Bündnisse und andere Verträge mit fremden Staaten einzugehen, Gesandte zu beglaubigen und zu empfangen berechtigt ist. Dem Präsidium steht es zu, den Bundesrath und den Reichstag zu berufen, zu eröffnen, zu vertagen und zu schließen. Die Berufung des Bundesraths und des Reichstags findet alljährlich statt, und kann der Bundesrath zur Vorbereitung der Arbeiten ohne den Reichstag, letzterer aber nicht ohne den Bundesrath berufen werden. Die Berufung des Bundesraths muß erfolgen, sobald von einem Drittel der Stimmenzahl verlangt wird. Der Vorsitz im Bundesrathe und die Leitung der Geschäfte steht dem Bundeskanzler zu, welcher vom Präsidium ernannt wird; derselbe kann sich durch jedes andere Mitglied des Bundesraths vertreten lassen. Das Präsidium hat die erforderlichen Vorlagen nach Maßgabe der Beschlüsse des Bundesraths an den Reichstag zu bringen, wo sie durch Mitglieder des Bundesraths oder durch besondere von letzterem zu ernennende Commissarien vertreten werden. Dem Präsidium steht die Ausfertigung und Verkündigung der Bundesgesetze und die Ueberwachung der Ausführung derselben zu. Die Anordnungen und Verfügungen des Bundespräsidiums werden im Namen des Bundes erlassen und bedürfen zu ihrer Giltigkeit der Gegenzeichnung des Bundeskanzlers, welcher dadurch die Verantwortlichkeit übernimmt. Dem Bundespräsidium gebührt die obere Leitung der Post- u. Telegraphenverwaltung. Das Präsidium ernennt die Bundesbeamten, hat dieselben für den Bund zu vereidigen und erforderlichen Falls ihre Entlassung zu verfügen. Es beaufsichtigt das norddeutsche Consulatswesen und stellt die Bundesconsuln an. Mit allerh. Präsidial-Erlasse vom 12. August 1867 wurde die Errichtung einer Behörde für die dem Bundeskanzler obliegende Verwaltung und Beaufsichtigung der Bundesangelegenheiten angeordnet, welche den Namen Bundeskanzler-Amt führt. Abtheilungen dieser Behörde bilden das General-Postamt u. die Generaldirection der Telegraphen; von jenem ressortiren die Ober-Postdirectionen des Bundes u. die Oberpostämter in den Hansestädten, von dieser die Telegraphendirectionen.

Wenn Bundesglieder ihre verfassungsmäßigen Bundespflichten nicht erfüllen, so können sie dazu im Wege der Execution, welche bis zur Sequestration des betreffenden Landes u. seiner Regierungsgewalt ausgedehnt werden kann, angehalten werden. Diese Execution wird in Betreff militärischer Leistungen, wenn Gefahr im Verzuge, von dem Bundesfeldherrn angeordnet und vollzogen, in allen anderen Fällen aber von dem Bundesrathe beschlossen und von dem Bundesfeldherrn vollstreckt.

Reichstag. Der Reichstag geht aus allgemeinen und directen Wahlen mit geheimer Abstimmung hervor, welche bis zum Erlasse eines Reichswahlgesetzes nach Maßgabe des Gesetzes zu erfolgen haben, auf Grund dessen der erste Reichstag des Norddeutschen Bundes gewählt worden ist. Nach diesem Wahlgesetze (in Preußen unterm 15. Octbr., in Sachsen unterm 7. Dec. 1866 rc. publicirt) besitzt jeder unbescholtene Staatsbürger eines der zum Bunde zusammengetretenen Staaten (in Mecklenburg nur jeder Mecklenburger) das active Wahlrecht, soferne er das 25. Lebensjahr zurückgelegt hat. Von der Berechtigung zum Wählen sind ausgeschlossen Personen, die unter Vormundschaft oder Curatel stehen, oder über deren Vermögen der Concurs- oder Fallitzustand gerichtlich eröffnet worden ist, oder welche eine Armenunterstützung beziehen, oder denen durch rechtskräftiges Erkenntniß der Vollgenuß der staatsbürgerlichen Rechte entzogen ist. Wählbar zum Abgeordneten ist jeder Wahlberechtigte, der einem zum Bunde gehörigen Staate seit mindestens 3 Jahren angehört hat (in Mecklenburg jeder wahlberechtigte Mecklenburger). Auf durchschnittl. 100,000 Seelen ist in der Regel 1 Abgeordneter zu wählen; ein Ueberschuß von wenigstens 50,000 Seelen wird vollen 100,000 Seelen gleich gerechnet; doch sendet ein Staat, wenn er auch weniger als 50,000 Einw. besitzt, einen Abgeordneten. Der Reichstag zählt derzeit 297 Mitglieder, nämlich 235 aus Preußen, 1 aus Lauenburg, 23 aus Sachsen, 6 aus Mecklenburg-Schwerin, je 3 aus den großh. hessischen Landestheilen, aus Oldenburg, aus S.-Weimar-Eisenach, aus Braunschweig u. aus Hamburg, je 2 aus S.-Meiningen, S.-Koburg-Gotha u. Anhalt, je 1 aus M.-Strelitz, S.-Altenburg, Schw.-Rudolstadt, Schw.-Sondershausen, Reuß ä. L., Reuß j. L., Lippe, Schaumburg-Lippe, Waldeck-Pyrmont, Lübeck, Bremen. Beamte bedürfen keines Urlaubes zum Eintritte in den Reichstag. Die Verhandlungen sind öffentlich. Die Legislaturperiode dauert drei Jahre; zur Auflösung des Reichstags während derselben ist ein Beschluß des Bundesraths unter Zustimmung des Präsidiums erforderlich. Im Falle der Auflösung müssen innerhalb eines Zeitraums von 60 Tagen nach derselben die Wähler u. innerhalb eines Zeitraums von 90 Tagen der Reichstag versammelt werden. Ohne Zustimmung des Reichstags darf die Vertagung desselben die Frist von 30 Tagen nicht übersteigen u. während derselben Session nicht wiederholt werden. Der Reichstag erwählt seinen Präsidenten, seine Vicepräsidenten u. Schriftführer; er beschließt nach absoluter Stimmenmehrheit. Seine Mitglieder genießen in Ausübung ihres Berufs die Unverantwortlichkeit und die übliche constitutionelle Immunität; sie dürfen als solche keine Besoldung oder Entschädigung beziehen.

Schlichtung von Streitigkeiten u. Strafbestimmungen. Für strafbare Unternehmungen gegen den Norddeutschen Bund, welche als Hochverrath ob. Landesverrath anzusehen sind, ist das hansestädtische Ober-Appellationsgericht in Lübeck als zuständige Spruchbehörde in erster u. letzter Instanz. Streitigkeiten zwischen verschiedenen Bundesstaaten, soferne dieselben nicht privatrechtlicher Natur u. daher von den competenten Gerichtsbehörden zu entscheiden sind, werden auf Ansuchen des einen Theils von dem Bundesrathe erledigt. Verfassungsstreitigkeiten in solchen Bundesstaaten, in deren Verfassung nicht eine Behörde zur Entscheidung solcher Streitigkeiten bestimmt ist, hat auf Anrufen einestheils der Bundesrath gütlich auszugleichen oder, wenn das nicht gelingt, im Wege der Bundesgesetzgebung zur Erledigung zu bringen. Der Bundesrath kann auch Beschwerden über verweigerte oder gehemmte Rechtspflege annehmen, worauf er bei der gerichtlichen Hilfe bei der betreffenden Bundesregierung zu bewirken hat.

Bundesfinanzen.

Alle Einnahmen und Ausgaben des Bundes müssen für jedes Jahr veranschlagt und auf den Bundeshaushaltsetat gebracht werden, welch' letzterer nach folgenden Grundsätzen durch ein Gesetz festgestellt wird. Zur Bestreitung aller gemeinschaftlichen Ausgaben dienen zunächst die etwaigen Ueberschüsse der Vorjahre, sowie die aus den Zöllen, den gemeinschaftlichen Verbrauchssteuern und aus dem Post- und Telegraphenwesen fließenden gemeinschaftlichen Einnahmen. Insoweit dieselben durch diese Einnahmen nicht gedeckt werden, sind sie, so lange Bundessteuern nicht eingeführt sind, durch Beiträge der einzelnen Bundesstaaten nach Maßgabe ihrer Bevölkerung aufzubringen, welche bis zur Höhe des budgetmäßigen Betrags durch das Präsidium ausgeschrieben werden. — Ueber die Verwendung aller Einnahmen des Bundes wird von dem Präsidium dem Bundesrathe u. dem Reichstage zur Entlastung jährlich Rechnung gelegt. In Fällen eines außerordentlichen Bedürf-

Bundesfinanzen. Bundeskriegswesen.

nisses können im Wege der Bundesgesetzgebung die Aufnahme einer Anleihe, sowie die Uebernahme einer Garantie zu Lasten des Bundes erfolgen.

Durch das Gesetz v. 30. Oct. 1867, betreffend den Bundeshaushaltsetat für das Jahr 1868, sind die Einnahmen und Ausgaben des Bundes wie folgt festgestellt:

1. Einnahme . . . . 72,158,243 Thlr.
Zölle u. Verbrauchssteuern . . . . 49,488,680 "
Post- u. Zeitungsverwaltung (Einnahme 22,965,560, Ausgabe 20,543,798 Thlr.) 2,421,762 "
Telegraphenverwaltung (Einnahme 2,280,947, Ausgabe 2,005,947 Thlr.) . . . 275,000 "
Verschiedene Einnahmen . . . . 135,234 "
Matricularbeiträge . . . . 19,837,567 "

2. Ausgaben . . . . 72,158,243 "
Fortdauernde Ausgaben . . . . 69,001,184 "
  Militärverwaltung 66,417,573   Marineverwaltung 2,340,603
  Bundeskanzleramt, Bundesconsulate 222,550   Reichstag 20,458
Einmalige u. außerordentliche Ausgaben . . . . 3,157,059 "
  Marineverwaltung 2,628,376   Bundesconsulate . . 55,000
  Postverwaltung 198,683   Telegraphenverwalt. 275,000

Durch das Bundesgesetz vom 9. November 1867 wurde zur Bestreitung außerordentlicher Ausgaben zum Zwecke der Erweiterung der Bundes-Kriegsmarine und der Herstellung der Küstenvertheidigung die Aufnahme einer verzinslichen Anleihe bis zur Höhe von 10 Mill. Thlr. angeordnet.

Bundeskriegswesen.

Das Bundeskriegswesen ist im Allgemeinen theils durch Bestimmungen der Bundesverfassung, theils durch das Bundesgesetz v. 9. Nov. 1867, betreffend die Verpflichtung zum Kriegsdienste, geregelt. Jeder Norddeutsche ist darnach wehrpflichtig u. kann sich in Ausübung dieser Pflicht nicht vertreten lassen. Ausgenommen von der Wehrpflicht sind nur die Mitglieder der regierenden Häuser und die Mitglieder der mediatisirten, vormals reichsständischen und derjenigen Häuser, welchen die Befreiung von der Wehrpflicht durch Verträge zugesichert ist, oder auf Grund besonderer Rechtstitel zusteht. Auch werden (bis Ende 1869) die evang. u. kathol. Theologen aus allem Militärverhältniß entlassen, sobald die ersteren unter die Zahl der zum Predigen berechtigten Candidaten aufgenommen werden, die letzteren, sobald sie die Subdiaconatsweihe erhalten (Milit.-Ersatz-Instruction v. 26. März 1868). Jene Wehrpflichtigen, welche zwar nicht zum Waffendienste, jedoch zu sonstigen militärischen Dienstleistungen, die ihrem bürgerlichen Berufe entsprechen, fähig sind, können zu solchen herangezogen werden.

Die bewaffnete Macht besteht aus dem Heere, der Marine u. dem Landsturme. Das Heer wird eingetheilt in das stehende Heer u. die Landwehr, die Marine in die Flotte u. die Seewehr. Der Landsturm besteht aus allen Wehrpflichtigen vom vollendeten 17. bis zum vollendeten 42. Lebensjahre, welche weder dem Heere, noch der Marine angehören; er tritt nur auf Befehl des Bundesfeldherrn zusammen, wenn ein feindlicher Einfall Theile des Bundesgebiets bedroht oder überzieht. Das stehende Heer u. die Flotte sind beständig zum Kriegsdienste bereit; beide sind die Bildungsschulen der ganzen Nation für den Krieg. Die Landwehr u. die Seewehr sind zur Unterstützung des stehenden Heeres und der Flotte bestimmt. — Die Verpflichtung zum Dienste im stehenden Heere, beziehungsweise in der Flotte, beginnt mit dem 1. Januar u. zwar in der Regel desjenigen Kalenderjahres, in welchem der Wehrpflichtige das 20. Lebensjahr vollendet, und dauert 7 Jahre, während welcher die Mannschaften die ersten 3 Jahre zum ununterbrochenen activen Dienste verpflichtet, die letzten 4 Jahre zur Reserve beurlaubt sind, insoweit nicht bei letzterer die jährlichen Uebungen, nothwendige Verstärkungen oder Mobilmachungen des Heeres, beziehungsweise Ausrüstungen der Flotte, die Einberufung zum Dienste erfordern. Die Verpflichtung zum Dienste in der Landwehr und in der Seewehr ist von 5jähriger Dauer. Der Eintritt in die Land- und Seewehr erfolgt nach abgeleisteter Dienstzeit im stehenden Heere, bezieh. in der Flotte; in die Seewehr treten übrigens auch jene Marinedienstpflichtigen (bis zum vollendeten 31. Lebensjahre) ein, welche früher auf der Flotte nicht gedient haben. Die Mannschaften der Land- und Seewehr sind im Frieden beurlaubt, können aber (mit Ausnahme der Cavalleristen) während ihrer Dienstzeit zweimal zu Uebungen einberufen werden. — Der freiwillige Eintritt in den Militärdienst ist jedem jungen, diensttauglichen Manne nach vollendetem 17. Lebensjahre gestattet. Jungen Leuten von Bildung, welche sich während ihrer Dienstzeit selbst bekleiden, ausrüsten u. verpflegen (bei jungen Seeleuten von Beruf wird von der Selbstbekleidung u. Selbstverpflegung Umgang genommen), und welche die gewonnenen Kenntnisse in dem vorschriftsmäßigen Umfange dargelegt haben, werden schon nach einer einjährigen Dienstzeit in die Reserve, bezieh. in der Landwehr u. Seewehr, zur Reserve beurlaubt und können zu Offiziersstellen der Reserve, Land- und Seewehr vorgeschlagen werden. Desgleichen kann die Dienstzeit in der activen Marine für Seeleute von Beruf und Maschinisten, in Berücksichtigung ihrer technischen u. seemännischen Ausbildung, bis auf eine einjährige verkürzt werden; auch werden nach vorschriftsmäßiger Anmusterung auf einem norddeutschen Handelsschiffe in Dienst getretene oder eine norddeutsche Navigations- ob. Schiffsbauschule besuchende

Seeleute im Frieden vom Dienste in der Flotte befreit. — Im ganzen Bundesgebiete ist die gesammte preußische Militärgesetzgebung eingeführt; diese, sowie die norddeutsche Wehrverfassung überhaupt, gilt auch im Großherzogthum Hessen, da, zufolge der Militärconvention vom 7. April 1867, die gesammten großh. hessischen Truppen (8200 M. im Frieden, 19,000 M. ohne Landwehr im Kriege) als eine geschlossene Division in den Verband des königl. preußischen Heeres getreten sind.

Landmacht. Die gesammte Landmacht des Bundes bildet ein einheitliches Heer, welches in Krieg u. Frieden unter dem Befehle des Königs von Preußen als Bundesfeldherrn steht. Der Bundesfeldherr bestimmt den Präsenzstand, die Gliederung und Eintheilung der Contingente, sowie die Organisation der Landwehr; er ernennt die Höchstcommandirenden der Contingente u. alle Festungscommandanten und besitzt das Recht, innerhalb des Bundesgebiets die Garnisonen zu bestimmen, Festungen anzulegen und die kriegsbereite Aufstellung eines jeden Theils der Bundesarmee anzuordnen. Von seiner Zustimmung ist die Ernennung von Generalen abhängig gemacht. — Nach der Bundesverfassung ist die Friedens-Präsenzstärke des Bundesheers bis zum 31. Dec. 1871 auf ein Procent der Bevölkerung von 1867 normirt und sie wird pro rata derselben von den einzelnen Bundesstaaten gestellt; für die spätere Zeit soll sie im Wege der Bundesgesetzgebung festgestellt werden. Zur Bestreitung des Militär-Aufwandes sind bis zum 31. Decbr. 1871 dem Bundesfeldherrn jährlich so vielmal 225 Thlr., als die Kopfzahl der Friedenspräsenzstärke der Mannschaften beträgt, zur Verfügung zu stellen, welcher Betrag aber für einige Staaten, durch Conventionen mit Preußen, für die ersten Jahre ermäßigt wurde.

Das norddeutsche Bundesheer umfaßt 1) die preußische Armee (1 Gardecorps u. 11 Armeecorps), in welche, zufolge besonderer Militärconventionen, die Wehrpflichtigen von Schwarzburg-Sondershausen (Convention v. 28. Juni 1867), Lippe (Conv. v. 26. Juni 1867), Schaumburg-Lippe (Conv. v. 30. Juni 1867), Waldeck-Pyrmont (Conv. v. 6. Aug. 1867), Hamburg (Conv. v. 23. Juli 1867), Lübeck (Conv. v. 27. Juni 1867) und Bremen (Conv. v. 27. Juni 1867) eingereiht sind, indem diese Staaten von der Stellung eines eigenen Contingents ganz abgesehen und ihre militärische Bundesleistung völlig an Preußen übertragen haben. Dasselbe gilt auch von Oldenburg, aus dessen Wehrpflichtigen jedoch (mit Ausnahme jener aus den Provinzen Lübeck u. Birkenfeld, deren Aushebungsbezirke einem preußischen Regierungs-Bezirke zugelegt sind, und der in die Specialwaffen Einzureihenden) in der preußischen Armee je ein besonderes Infanterie- u. Dragoner-Regiment, u. 2 besondere Batterien im 10. Armeecorps gebildet wurden (Milit.-Conv. v. 15. Juli 1867). Ferner sind mit der preußischen Armee die Truppen von S.-Weimar (1 Infant.-Regt.), S.-Meiningen u. S.-Koburg-Gotha (1 Infant.-Regt.), die zum 11. Armeecorps gehören, jene von S.-Altenburg, Schw.-Rudolstadt u. Reuß beider Linien (1 Infant.-Regt.) und von Anhalt (1 Infant.-Regt.), die dem 4. Armeecorps überwiesen sind, auf das Engste verbunden und es leisten die für Cavallerie u. Specialwaffen tauglichen Wehrpflichtigen aus diesen Staaten ihre Dienstpflicht in kön. preuß. Truppentheilen ab (Milit.-Conv. mit den thüring. Staaten v. 26., mit Anhalt v. 28. Juni 1867). 2) Die königl. sächsischen Truppen: diese bilden ein in sich geschlossenes Armeecorps (das 12. — Milit.-Conv. v. 7. Febr. 1867). 3) Die großh. mecklenburgischen Truppen, bestehend aus 1 Grenadier- u. 1 Füsilier-Regt. u. 1 Jägerbataillon, 2 Dragoner-Regtrn. u. 1 Artillerie-Abtheilung zu Fuß mit 4 Batterien — dem 9. Armeecorps zugetheilt. 4) Die herzogl. braunschweig. Truppen, 1 Infanterie- u. 1 Husaren-Regt., 1 Batterie — beim 10. Armeecorps. 5) die großherzogl. hessischen Truppen, welche die 25. Division des 11. Armeecorps ausmachen (Milit.-Conv. v. 7. April 1867).

Die Formation des stehenden Heeres des Norddeutschen Bundes ist folgende: a) Infanterie, 9 Garde-Regtr. (preuß. 4 Garde-Regtr. zu Fuß, 4 Grenadier-Regtr., 1 Füsilier-Regt.) u. 109 Linien-Regtr., nämlich 15 Grenadier-Regtr. (12 preuß., 2 sächs. u. 1 mecklenb.), 81 Infanterie-Regtr. (65 preuß., 6 sächs. 4 großh. hess., 3 thür., 1 oldenb., 1 mecklenb., 1 braunschw.) u. 13 Füsilier-Regtr. (11 preuß., 1 sächs., 1 mecl.) ferner 1 Garde-Jäger- u. 1 Garde-Schützenbat. (preuß.) u. 16 Jägerbataillone (11 preuß., 2 sächs., 2 großh. hess. u. 1 mecl.) Jedes Infanterie-Regt. zählt 3 Bataill. à 4 Comp., 1682 M. im Frieden (5 Garde-Regtr. à 2188, 1 Garde-Regt. zu 1720 M.) u. in der Regel 3181 M. (bei den Füsilieren 3177 M.) im Kriege; außerdem wird im Kriege für jedes Inf.-Regt. 1 Ersatzbataill. v. 4 Comp. (1028 M.) u. 1 Handwerker-Abtheilung (161 M.) gebildet. Jedes der 4 großh. hess. Regtr. zählt nur 1 Bataill. à 4 Comp.; im Kriege wird 1 Depôt-Regt. v. 4 Bataill. aufgestellt. Jedes Jäger- od. Schützenbataill. besteht aus 4 Comp. u. zählt 560 M. im Frieden u. 1056 M. im Kriege; im Kriege wird für jedes Bataillon 1 Ersatzcomp. (258 M.) formirt. — b) Cavallerie, 76 Regtr., nämlich 10 Kürassier-Regtr. (preuß., 1 Regt. Gardes du Corps, 1 Garde- u. 8 Linien-Regtr.), 21 Dragoner-Regtr. (2 Garde-, 16 and. preuß., 1 olb. u. 2 mecl. Regtr.), 18 Husaren-Regtr. (1 Garde- u. 16 and. preuß. Regtr., 1 braunschw. Regt.), 21 Ulanen-Regtr. (3 Garde- u. 16 and. preuß., 2 sächs. Regtr.) und 6 Reiter-Regtr. (1 Garde- u. 3 andere sächs., 2 großh. hess. Regtr.) Jedes Cavallerie-Regt. zählt 5 Escadrons, von denen die 5. beim Ausmarsche als Ersatz-Escadron zurückbleibt, im Frieden 752, im Kriege 931 M. — c) Artillerie, 13 Feldartillerie-Regtr. (1 Garde-, 11 and. preuß. Regtr., 1 sächs. Regt.), 1 Feldart.-Abtheilung (großh. hess.); 10 Festungs-Artill.-Regtr. (1 Garde- u. 8 and. preuß., 1 sächs. Regt.) u. 3 Festungs-Art.-Abtheilungen (preuß.). Jedes Feldart.-Regt. zählt im Frieden 1 reitende u. 3 Fußabtheilungen (15 Batt. mit 60 Geschützen — das sächs. Regt. hat 1 reit. u. 4 Fußabth.,

Bundeskriegswesen. 25

16 Batt. mit 64 Gesch.), 1751 Mann, im Kriege dieselben Abtheilungen (mit 16 Batt. u. 96 Gesch.) u. 1 Colonnen-Abtheilung, 4135 Mann, ferner 1 Ersatzabth. v. 3 Batt. mit 16 Gesch., 571 Mann u. 130 Handwerker. Die großh. hess. Abtheilung besteht aus 6 Batterien (24 Gesch. im Fried., 36 Gesch. im Kriege), wozu noch bei der Mobilmachung 2 Ersatzbatterien kommen. Mit Ausnahme des sächs. Festungsregts., das derzeit noch zu 4 Comp. formirt ist, besteht jedes der übrigen Festungsart.-Regtr. aus 2 Abtheilungen, 921 Mann, die Abtheilung zu 4 Comp.; auf dem Kriegsfuße wird die Gesammt-Stärke der Festungsartillerie auf c. 15,000 u. bei voller Besetzung aller Festungen, durch Errichtung neuer Compagnien, selbst auf 30,000 M. erhöht (vgl. v. Lüding-hausen, Organis. u. Dienst b. preuß.-nordd. Kriegsmacht, 3. Aufl., Berl. 1867). — d) Pionniere, 13 Bataillone (1 Garde-, 11 anb. preuß., 1 sächs.) u. 1 großh. hess. Compagnie. Jedes Pionnier-Bat. zählt 4 Comp. (das sächs. im Frieden derzeit nur 3), im Kriege außerdem 1 Ersatz-Compagnie; die Stärke ist 525 M. im Frieden, 938 M. (wor. 248 M. Ersatz) im Kriege. Zur Kriegszeit werden Festungs-Pionnier-Detachements, Ponton-Colonnen und Feldbrückentrains aufgestellt. — e) Train, 13 Trainbataillone (1 Garde-, 11 anb. preuß., 1 sächs.) à 242 M. im Frieden u. 1782 M. im Kriege, ferner 1 großh. hess. Trainabtheilung. Im Kriege tritt zu jedem Bataillone 1 Ersatzabtheilung v. 568 Mann. — f) Höhere Stäbe und besondere Formationen (wie das reitende Feldjägercorps, 81 M., die Leibgensb'armerie, 26 M., die Schloß-Gardecompagnie, 74 M., die Feuerwerksabtheilung, 3 Comp., 286 M., die Landgensb'armerie u. s. w.). Mit Einschluß der letzteren beträgt die Friedensstärke des Heeres in runder Ziffer 320,000 Mann, die Kriegsstärke (incl. des Reserve-Munitionsparks, der Feldtelegraphie- und Eisenbahn-Abtheilungen) ungefähr 770,000 Mann. Die Hauptwaffen haben folgenden organisationsmäßigen Stand (Anfangs 1868):

	Friedensstand	Kriegsstand	darunter Ersatztruppen
Garde- u. Linien-Infanterie	198,956 Mann	510,876 Mann	139,546 Mann
Jäger u. Schützen	10,120 "	23,652 "	4,644 "
Summe der Infanterie	209,076 "	534,528 "	144,190 "
Cavallerie	57,152 "	70,756 "	18,924 "
Feldartillerie	23,598 "	64,636 "	9,413 "
Festungsartillerie	9,973 "	30,000 "	
Summe der Artillerie	33,571 "	94,636 "	9,413 "
Pionniere	6,830 "	19,109 "	3,254 "
Train	3,196 "	31,030 "	7,464 "
Gesammtsumme	309,825 "	750,059 "	183,245 "

Die Landwehr ist nur für die Infanterie in ständige Truppenkörper formirt; im Kriegsfalle können auch die Landwehr-Mannschaften der Cavallerie, nach Maßgabe des Bedarfs, in besonderen Truppenkörpern aufgestellt werden, während die Landwehr-Mannschaften der übrigen Waffen zu den Fahnen des stehenden Heeres treten. — Die Landwehr-Infanterie besteht, nach der neuen Organisation, aus 85 Landwehr-Regimentern zu 2 Bataill., 4 sächs. Landwehr-Regimentern à 3 Bataill., 2 großh. hess. Landwehr-Regtrn. à 3 Bataill. und aus 11 (preuß.) Reserve-Landwehrbataillonen, ferner aus 4 (preuß.) Garde-Landwehr-Regimentern, à 3 Bataill., also in Summe aus 211 Bataillonen. Im Allgemeinen ist für jedes Linien-Infanterie-Regiment ein Landwehr-Regiment errichtet, das mit ersterem gleiche Nummer und gleichen Provinzialnamen führt; jedem Füsilier-Regiment entspricht ein Reserve-Landwehrbataillon. Die Landwehrbataillons-Bezirke sind zugleich die Aushebungs- und Ergänzungsbezirke für das stehende Heer und zerfallen, je nach der Seelenzahl der Bevölkerung des Bataillonsbezirks, mit dem sie in Uebereinstimmung gebracht sind oder aus sonstigen localen Ursachen in 2-6 Compagnie-Bezirke, die mit den Grenzen der Kreise 2c. zusammenfallen. Bei Mobilmachungen wird aus den Mannschaften der Landwehr-Infanterie der Ersatz für die Linieninfanterie (u. zwar aus den Mannschaften des jüngsten Jahrgangs) und die Reserve des stehenden Heeres gebildet; wenn ein Landwehrbataillon zum Dienste aufgestellt wird, so findet seine tactische Gliederung in 4 Compagnien statt. Die frühere Unterscheidung der Landwehr in 2 Aufgebote ist jetzt weggefallen.

Auf dem Friedensfuße sind von der Landwehr-Infanterie nur geringe Stämme (Bezirkscommanden) vorhanden. Wenn die ganze Landwehr-Infanterie tactisch aufgestellt wird, so erhöht sich die Stärke des norddeutschen Bundesheeres auf ungefähr 950,000 und nach erfolgter Formation der Landwehr-Cavallerie auf nahezu 1 Mill. Mann. Im Kriegsfalle erhält die norddeutsche Bundesarmee außerdem noch eine Verstärkung durch die Truppen der süddeutschen Staaten. Preußen hat nämlich im J. 1866 mit Württemberg (am 13. Aug.), Baden (am 17. Aug.) u. Bayern (am 22. Aug.) ein Schutz- u. Trutzbündniß geschlossen, wornach die Contrahenten sich gegenseitig die Integrität ihres Ländergebiets garantiren u. sich verpflichten, im Falle eines Kriegs ihre volle Kriegsmacht zu diesem Zwecke einander zur Verfügung zu stellen. In einem solchen Falle führt der König von Preußen den Oberbefehl über die bayer., württemb. u. badischen Truppen.

Das gesammte Bundesheer zerfällt in 13 Armeecorps, nämlich in das Gardecorps u. die Armeecorps 1—12. Das Gardecorps begreift wieder 2 Infanterie-Divisionen mit 4 Brigaden,

Norddeutscher Bund 1868.

1 Cavallerie-Division mit 3 Brigaden u. 1 Artillerie-Brigade; die Armeecorps 1—12 zählen 25 Divisionen u. die sächs. Reiterdivision, 50 Infanterie-, 25 Cavallerie-, 12 Artillerie-Brigaden u. s. w. Je 2 Armeecorps (außer dem Gardecorps) bilden 1 Armeeabtheilung.

Im Norddeutschen Bunde bestehen 34 Festungen u. befestigte Plätze (32 in Preußen, 2 in Sachsen, nämlich die Festung Königstein u. die Schanzen um Dresden); Preußen besitzt auch in der hessischen Festung Mainz das Besatzungsrecht, wogegen jenes in Luxemburg durch den Vertrag vom 11. Mai 1867 aufgegeben wurde.

Kriegs-Marine. Die Bundes-Kriegsmarine ist eine einheitliche unter preußischem Oberbefehle. Ihre Organisation und Zusammensetzung liegt dem Könige von Preußen ob, welcher die Offiziere u. Beamten der Marine ernennt u. für welchen dieselben nebst den Mannschaften eidlich in Pflicht genommen werden. Der zur Gründung u. Erhaltung der Kriegsflotte u. der damit zusammenhängenden Anstalten erforderliche Aufwand wird aus der Bundeskasse bestritten. Die gesammte seemännische Bevölkerung des Bundes, einschließlich des Maschinenpersonals und der Schiffshandwerker, ist vom Dienste im Landheere befreit, dagegen zum Dienste in der Bundesmarine verpflichtet. Der Bestand an Kriegsschiffen u. Fahrzeugen ist folgender (Anf. 1868):

	Kanonen	Pferdekraft
1. Dampfschiffe, 42 Schiffe	322	8782
3 Panzerfregatten (1 zu 23 Kan. u. 1150 Pferdekr., 1 zu 16 K. u. 950 Pf., 1 zu 16 Kan. u. 800 Pferdekr.) . . .	55	2900
2 Panzerfahrzeuge (1 zu 4, 1 zu 3 Kan., jedes zu 300 Pferdekr.)	7	600
5 gedeckte Corvetten (à 28 Kan., 3 à 400, 2 à 386 Pferdekr.)	140	1972
4 Glattdeck-Corvetten (2 à 17, 2 à 14 Kan., 2 à 200, 2 à 400 Pferdekr.) . .	62	1200
2 Aviso's (1 à 4 Kan. u. 300 Pf., 1 à 2 Kan. u. 120 Pf.)	6	420
1 königl. Yacht	—	160
3 Fahrzeuge zum Hafendienst	—	50
22 Kanonenboote (8 à 3 Kan. u. 80 Pf., 14 à 2 Kan. u. 60 Pf.)	52	1480
2. Segelschiffe, 10 Schiffe	149	—
3 Fregatten (1 à 48, 1 à 38, 1 à 26 Kan.)	112	—
3 Briggs (1 à 12, 1 à 10, 1 à 6 Kan.)	28	—
4 Fahrzeuge zum Hafendienst	9	—
3. Ruderfahrzeuge, 36 Fahrzeuge	68	—
36 Kanonenschaluppen (32 à 2 Kan., 4 à 1 Kan.)	68	—
Gesammtsumme, 88 Schiffe u. Fahrz.	539	8782

Der Bestand des Marine-Personals ist folgender (1867): das Seeofficier- u. Seecadetten-Corps, 229 Mann (worunter 2 Admiräle), die Stammdivision der Flotte (4 Matrosen- u. 2 Schiffsjungen-Compagnien), 2656 Mann, die Werftdivision (1 Handwerks- u. 1 Maschinencompagnie), 670 Mann, das Seebataillon (4 Infant.-Comp.), 695 Mann, die Seeartillerie-Abtheilung (mit 3 Comp.), 462 Mann; die Marine-Stabswache, die Marinebureaus u. die Marinebeamten; in Summe ungefähr 4800 Mann. Bei eintretender Kriegsgefahr wird die Flotte, nach Maßgabe des Bedarfs, durch die Mannschaften der Seewehr verstärkt. Die Flotte untersteht dem Obercommando der Marine in Berlin, welches die Stellung eines Generalcommando's eines Armeecorps besitzt. — Bundeskriegshäfen sind der Kieler Hafen u. der Jahdehafen. — Die Flagge der norddeutschen Kriegs- u. Handelsmarine ist schwarz-weiß-roth.

Verfassung der einzelnen Staaten.

Staatsformen und Staatsoberhäupter. Mit Ausnahme der drei Hansestädte, welche demokratische Republiken sind, besitzen alle anderen Bundesstaaten die eingeschränkt-monarchische Staatsform, die beiden mecklenburgischen Großherzogthümer mit altständischen Einrichtungen. Es wird somit in den monarchischen Bundesstaaten die Staatsgewalt vom Monarchen (König, Großherzog, Herzog, Fürst) ausgeübt, der aber in seinem Gesetzgebungsrechte durch die entscheidende Mitwirkung der Volksvertretung oder der Landstände eingeschränkt ist. Der Thron ist erblich nach dem Rechte der Erstgeburt und der Linealsuccession entweder im männlichen Stamme und nach dessen Erlöschen im weiblichen Stamme der regierenden Familie (also nach der sogen. gemischten Successionsordnung), wie in Preußen, Sachsen, Hessen, Braunschweig, Schwarzburg u. Waldeck, oder nur im Mannsstamme (also nach der sogen. agnatischen Successionsordnung), wie in den großherzogl. u. herzogl. sächsischen Staaten, in Mecklenburg, Oldenburg, Anhalt, Reuß, Lippe u. Schaumburg-Lippe. Alle norddeutschen Bundesfürsten bekennen sich, mit Ausnahme des Königs von Sachsen, welcher der katholischen Confession angehört, zur protestantischen Kirche; sie werden mit dem zurückgelegten 18., in Mecklenburg mit dem vollendeten 19., in den sächsischen Herzogthümern, in Anhalt, Schwarzburg-Rudolstadt, Reuß, Lippe, Schaumburg-Lippe u. Waldeck mit dem vollendeten 21. Lebensjahre großjährig. Die Ritterorden, welche sie verleihen, sind folgende: 1) in Preußen, 7 an der Zahl, der Orden vom schwarzen Adler, der Hausorden von

Verfassung der einzelnen Staaten.

Hohenzollern, der Johanniter-Orden, der Louisen-Orden (für Frauen u. Jungfrauen), der rothe Adlerorden, der kön. Kronenorden, der Orden pour le mérite; 2) in Sachsen, 4, der Hausorden der Rautenkrone, der Militär-St. Heinrichsorden, der Verdienstorden, der Albrechtsorden; 3) in Hessen, 2, der Ludwigsorden, der Verdienstorden Philipp des Großmüthigen; 4) in beiden Mecklenburg, 1, der Hausorden der wendischen Krone; 5) in Oldenburg, 1, der Haus- u. Verdienstorden des Herzogs Peter Friedrich Ludwig; 6) in S.-Weimar-Eisenach, 1, der Hausorden der Wachsamkeit ob. vom weißen Falken; 7) in den sächsischen Herzogthümern, 1, der herzogl. Sachsen-Ernestinische Hausorden; 8) in Braunschweig, 1, der Orden Heinrich's des Löwen; 9) in Anhalt, 1, der Hausorden Albrecht des Bären; 10) in Schwarzburg, 1, das fürstl. Ehrenkreuz; 11) in Reuß, 1, das fürstl. Civil-Ehrenkreuz. — Die in den Bundesstaaten herrschenden Dynastien und die gegenwärtig regierenden Fürsten sind:

Staat	Dynastie	Regierender Monarch	Geburtszeit des herrschenden Monarchen	Regierungsantritt
Preußen mit Lauenburg	Hohenzollern	König Wilhelm I.	22. März 1797	2. Jan. 1861
Sachsen	Sachsen, albert. Linie	König Johann	12. Decbr. 1801	9. Aug. 1854
Hessen	Hessen	Großherz. Ludwig III.	9. Juni 1806	16. Juni 1848
Mecklenburg-Schwerin	Mecklenb.-Schwerin	- Friedr. Franz	28. Febr. 1823	7. März 1842
Mecklenburg-Strelitz	- Strelitz	- Friedr. Wilh.	17. Octbr. 1819	6. Sept. 1860
Oldenburg	Holst.-Gottorp, j. L.	- Peter	8. Juli 1827	27. Febr. 1853
Sachsen-Weimar-Eisen.	Sachsen, ernest. Linie	- Karl Alexand.	24. Juni 1818	8. Juli 1853
Sachsen-Meiningen	" "	Herzog Georg	2. April 1826	20. Sept. 1866
Sachsen-Koburg-Gotha	" "	- Ernst II.	21. Juni 1818	29. Jan. 1844
Sachsen-Altenburg	" "	- Ernst	16. Sept. 1826	3. Aug. 1853
Braunschweig	Brnschw.-Wolfenb.	- Wilhelm	25. April 1806	25. April 1831
Anhalt	Anhalt	- Leopold	1. Oct. 1794	9. Aug. 1817
Schwarzburg-Rudolstadt	Schwarzb.-Rudolst.	Fürst Albert	30. April 1798	28. Juni 1867
Schwarzb.-Sondershaus.	- Sondersh.	- Günther	24. Sept. 1801	19. Aug. 1835
Reuß älterer Linie	Reuß, ä. L.	- Heinrich XXII.	28. März 1846	8. Nov. 1859
Reuß jüngerer Linie	- j. L.	- Heinrich XIV.	28. Mai 1832	11. Juli 1867
Waldeck-Pyrmont	Waldeck	- Georg V.	14. Januar 1831	15. Mai 1845
Lippe	Lippe	- Leopold	1. Sept. 1821	1. Jan. 1851
Schaumburg-Lippe	Schaumburg-Lippe	- Adolf	1. Aug. 1817	21. Nov. 1860

In den drei freien Hansestädten sind zur Ausübung der Staatsgewalt der Senat und die Bürgerschaft berufen. Der Senat, dessen Mitglieder auf Lebenszeit von der Bürgerschaft (in Lübeck von den Senatoren u. Wahlbürgern) gewählt werden, u. das 30. Lebensjahr zurückgelegt haben müssen, ist der Inhaber der vollziehenden Gewalt. Doch nimmt er auch an der Ausübung der gesetzgebenden Gewalt, welche der Bürgerschaft zukommt, Antheil. An seiner Spitze stehen in Lübeck ein, in Hamburg u. Bremen zwei Bürgermeister, die vom Senate selbst aus seiner Mitte (in Hamburg auf 1, in Lübeck auf 2, in Bremen auf 4 Jahre) berufen werden.

Staatsbürgerliche Verhältnisse. In allen norddeutschen Bundesstaaten genießen die Staatsbürger Gleichheit vor dem Gesetze und, bei Gleichmäßigkeit der öffentlichen Pflichten, gleiche bürgerliche u. politische Rechte (abgesehen von den Standesvorrechten der Mitglieder der regierenden u. der ehemals reichsunmittelbaren Häuser u. von gewissen Vorrechten der Rittergutsbesitzer in Mecklenburg u. Lauenburg). In Bezug auf die Confession sind die Lutheraner in Mecklenburg bevorrechtet u. die Israeliten in Mecklenburg, Lauenburg, S.-Meiningen, S.-Altenburg, Anhalt, Reuß ält. Linie, Lippe u. Schaumburg-Lippe noch nicht vollkommen emancipirt. Sonst sind in den norddeutschen Bundesstaaten die Angehörigen der gesetzlich anerkannten Religionsbekenntnisse gleichberechtigt. Es besteht überall Preßfreiheit und ebenso sind (mit Ausnahme der ständischen Staaten Mecklenburg u. Lauenburg) die anderen constitutionellen Grundrechte der Staatsbürger anerkannt.

Volksvertretungen (Landstände). In jeder der norddeutschen Monarchieen besitzt die Volksvertretung (Ständeversammlung) das Recht des Beiraths u. der Zustimmung zu den Gesetzen, sowie eine entscheidende Theilnahme an der Ausübung der Finanzgewalt. Der gegenwärtige Organismus derselben ist im Wesentlichen durch die nachfolgenden Zeilen characterisirt. (Rücksichtlich Oberhessen's siehe später „Süddeutsche Staaten").

In Preußen wird der Landtag von zwei Kammern gebildet, von denen die erste das Herrenhaus, die zweite das Haus der Abgeordneten genannt wird. Das Herrenhaus besteht aus den großjährigen Prinzen des königl. Hauses und aus Mitgliedern, die mit erblicher Berechtigung oder auf Lebenszeit vom Könige berufen werden. Erbliche Berechtigung genießen die Häupter der beiden fürstlichen Familien von Hohenzollern u. der vormaligen deutschen reichsständischen Häuser, die mit Virilstimmen begabten oder an Collectivstimmen betheiligten Fürsten, Grafen u. Herren der Provinzial-Landtage u. jene Personen, welchen der König das erbliche Recht verleiht. Auf Lebenszeit werden berufen: Personen, die dem Könige von evangelischen

Stiftern, von den Verbänden der gräflichen Rittergutsbesitzer, gewisser durch ausgebreiteten Familienbesitz ausgezeichneter Geschlechter, sowie des alten u. befestigten Grundbesitzes, von den Landesuniversitäten u. von bestimmten Städten präsentirt werden, ferner die Inhaber der vier großen Landesämter im Königr. Preußen u. endlich Personen, welche der König aus besonderem Vertrauen auserfieht. Das Haus der Abgeordneten bildet sich ausschließlich aus den von den Staatsbürgern gewählten Repräsentanten, deren Anzahl gegenwärtig 432 beträgt. (Verf.-Urk. v. 31. Jan. 1850, später modificirt; Wahlgesetz v. 30. Mai 1849). — Im Herzogth. Lauenburg ist die ständische Vertretung (die Ritter u. Landschaft) aus dem Erblandmarschall, als Vorsitzendem, 2 lebenslänglichen Landräthen u. aus 15 gewählten Abgeordneten (je 5 von den Gutsbesitzern, von den Städten und von den bäuerlichen Grundbesitzern) zusammengesetzt. (Patent v 20. Dec. 1853.)

In Sachsen besteht die Ständeversammlung aus 2 Kammern. Die erste Kammer wird gebildet von den volljährigen Prinzen des königl. Hauses, von 3 Besitzern von Standesherrschaften, 2 Vertretern der schönburgischen Receß- u. Lehnsherrschaften, 1 Abgeordneten der Universität, dem evang. Oberhofprediger, dem Decan des Domstifts St. Petri in Bautzen, dem Superintendenten zu Leipzig, 2 Abgeordneten der Stifter Meißen u. Wurzen, 12 lebenslänglichen Abgeordneten der Rittergutsbesitzer (in Zukunft auch der Besitzer großer Bauerngüter), 10 auf Lebenszeit vom Könige ernannten Mitgliedern u. den ersten Magistratspersonen in 8 Städten. Die zweite Kammer besteht aus 80 Abgeordneten, gegenwärtig 20 von den Rittergutsbesitzern, je 25 von den Städten u. dem Bauernstande, 10 von dem Handels- u. Fabrikstande, in Zukunft dagegen, nach einem demnächst zu erlassenden Gesetze, aus 35 Abgeordneten der Städte u. 45 Abgeordneten der ländlichen Wahlkreise. (Verf.-Urk. v. 4. Sept. 1831, später modificirt; die Publication eines neuen Wahlgesetzes steht bevor.

Die zwei mecklenburgischen Staaten besitzen gemeinschaftliche Landstände, welche aus der Ritterschaft und der Landschaft bestehen, nach den drei Kreisen, dem mecklenburgischen, wendischen u. stargardischen, sich gliedern und auf den Landtagen (in Sternberg u. Malchin) u. auf anderen Zusammenkünften sich versammeln. Zur Ritterschaft gehören alle eigenthümlichen Besitzer ritterschaftlicher Hauptgüter in diesen Kreisen, zur Landschaft 46 Städte, in denen die Magistrate u. zwar die Bürgermeister das landstandschaftliche Recht ausüben. (Landesgrundgesetz. Erbvergleich v. 18. April 1755 ꝛc.)

Im Großherzogthum Oldenburg ist der Landtag in einer Kammer vereinigt, die aus 50 aus allgemeinen Wahlen hervorgegangenen Abgeordneten zusammengesetzt ist. (Staatsgrundgesetz u. Wahlgesetz v. 22. Nov. 1852).

Im Großherzogthume S.-Weimar-Eisenach besteht der Landtag aus 31 Abgeordneten, nämlich 1 von der begüterten ehemaligen Reichsritterschaft, 4 von den Grundbesitzern mit wenigstens 1000 Thlr. jährlicher Rente, 5 von jenen Unterthanen gewählt, die aus anderen Quellen, als dem Grundbesitze ein jährliches Einkommen von 1000 Thlr. beziehen, und 21 aus allgemeinen Wahlen hervorgehend. (Grundgesetz v. 15. Oct. 1850, Wahlgesetz v. 6. April 1852).

In Sachsen-Meiningen begreift der Landtag 24 Abgeordnete, von welchen 2 vom Herzoge ernannt, 6 von den Besitzern größerer gebundener Güter, 8 von den Städten u. 8 von den Landbewohnern gewählt werden. (Grundgesetz v. 23. Aug. 1829 u. Wahlges. v. 25. Juni 1853).

Sachsen-Koburg-Gotha besitzt einen gemeinschaftlichen Landtag für den ganzen Staat und zwei besondere Landtage, je einen für das Herzogthum Koburg u. das Herzogthum Gotha. Der koburg'sche Landtag besteht aus 11, der gothaische aus 19 aus allgemeinen Wahlen hervorgehenden Abgeordneten. Der gemeinschaftliche Landtag wird aus 7 Mitgliedern des koburg. u. aus 14 Mitgliedern des gothaischen Landtags gebildet. (Grundges. v. 3. Mai 1852).

Im Herzogthume Sachsen-Altenburg besteht der Landtag aus 26 Abgeordneten, nämlich aus 8 Abgeordneten der Rittergutsbesitzer, 9 Abgeordneten der Städte, 8 Abgeordneten des Bauernstandes u. 1 Abgeordneten des Handels- u. Fabrikstandes. (Grundges. v. 29. April 1831, Gesetz v. 1. Mai 1857 mit b. Novelle v. 27. Decbr. 1865).

In Braunschweig besteht die Landesversammlung aus 46 Abgeordneten, von welchen 10 auf die Städte, 12 auf die Landgemeinden, 21 auf die Höchstbesteuerten (incl. der kathol., reform. u. jüd. Geistlichen) und 3 auf die evang.-luther. Geistlichen entfallen. (Landsch.-Ordnung v. 12. Oct. 1832, Ges. v. 22. Nov. 1851, Wahlgesetz v. 23. Nov. 1851, abgeändert unt. 3. August 1864).

Im Herzogthume Anhalt wird der Landtag aus 36 Vertretern gebildet, nämlich aus 12 Vertretern der Ritterschaft, 12 Vertretern der Städte (4 Bürgermeistern u. 8 von den Gemeinderäthen gewählten Abgeordneten) u. 12 Vertretern der Landgemeinden (von den Schulzen gewählt). — Landsch.-Ordn. v. 18. Juli u. 31. Aug. 1859.

In Schwarzburg-Rudolstadt besteht der Landtag aus 16 Abgeordneten, von welchen 3 von den größeren Grundbesitzern, 5 von den größeren Städten u. 8 von den kleineren Städten u. den Bewohnern des Landes gewählt werden (Grundges. u. Wahlges. v. 21. März 1854).

In Schwarzburg-Sondershausen ist der Landtag aus höchstens 5 Mitgliedern, die vom Fürsten auf Lebenszeit ernannt werden, aus 5 Abgeordneten der Höchstbesteuerten u. aus 5 Abgeordneten aus allgemeinen Wahlen zusammengesetzt. (Grundges. v. 8. Juli 1857, Wahlges. v. 14. Jan. 1856.)

Verfassung der einzelnen Staaten.

Im Fürstenthume Reuß älterer Linie besteht der Landtag aus 12 Abgeordneten, von denen 3 vom Landesherrn, 2 von den Rittergutsbesitzern, 3 von den Städten u. 4 von den Landgemeinden gewählt werden. (Verfass.-Ges. v. 28. März 1867).

Im Fürstenthume Reuß jüngerer Linie wird der Landtag von dem fürstlichen Besitzer des Reuß-Köstritzer Paragium's oder dessen Vertreter, von 3 Abgeordneten der übrigen Rittergutsbesitzer, von 6 Abgeordneten der Stadtgemeinden u. 3 Abgeordneten der übrigen Gemeinden, also von 13 Mitgliedern gebildet. (Grundges. v. 14. April 1852, Ges. v. 16. Mai u. 20. Juni 1856.)

In Waldeck-Pyrmont besteht der Landtag aus 15 Abgeordneten (12 aus dem Fürstenth. Waldeck u. 3 aus dem Fürstenth. Pyrmont), die aus allgemeinen Wahlen hervorgehen. (Verf.-Urk. v. 17. Aug. 1852 mit b. Ges. v. 30. Jan. 1864; Wahlges. v. 17. Aug. 1852, modificirt unt. 2. Aug. 1855.)

Im Fürstenth. Lippe theilt sich der Landtag in zwei Curien, von denen die erste durch 7 Deputirte der Ritterschaft, die zweite durch 7 Abgeordnete der Städte u. durch 7 Abgeordnete der übrigen Grundbesitzer gebildet wird. (Verf.-Urk. v. 6. Juli 1836.)

In Schaumburg-Lippe endlich erscheinen auf dem Landtage die Besitzer adeliger Güter, 4 Deputirte der Städte u. 16 Deputirte der Amtsunterthanen. (Verordn.v.15. Jan. 1816.)

Die Berufung der Abgeordneten erfolgt in Lauenburg, Anhalt, Reuß ält. Linie u. Sachsen (nach dem neuen Wahlgesetze) durch directe Wahlen, die sonst nur unter den Rittergutsbesitzern ob. Höchstbesteuerten (in Braunschweig auch unter den Geistlichen, in S.-Altenburg in dem Handels- und Fabrikstande, in Schaumburg-Lippe in den Städten u. Flecken) Geltung haben. In allen anderen Staaten und mit Ausnahme der eben genannten Classen werden die Abgeordneten auf indirecte Weise, also durch Wahlmänner, gewählt. Zur Ausübung des activen Wahlrechts ist in mehreren thüringischen Staaten die Großjährigkeit, sonst ein Alter von 25 Jahren, in Preußen das zurückgelegte 24. Lebensjahr erforderlich; die Abgeordneten müssen 30 Jahre alt sein (in Oldenburg, Lauenburg, Reuß j. L. u. die Rittergutsbesitzer in beiden lippischen Staaten nur 25 Jahre), welches Alter (30 Jahre) in S.-Meiningen u. Schw.-Rudolstadt auch für die Wahlmänner vorgeschrieben ist. Das Recht auf Sitz u. Stimme im preußischen Herrenhause ist (mit Ausnahme bei den königl. Prinzen) ebenfalls von der Erfüllung des 30. Lebensjahrs abhängig. Mit Ausnahme Preußen's u. Oldenburg's ist für die Ausübung des activen u. passiven Wahlrechts ein Census vorgeschrieben. Die Mandatsdauer der Abgeordneten währt in Preußen (II. Kammer), Oldenburg, S.-Weimar, Reuß j. L. u. Waldeck-Pyrmont 3, in S.-Koburg-Gotha u. Schw.-Sondershausen 4, in Lauenburg, S.-Meiningen, S.-Altenburg, Braunschweig, Anhalt, Schw.-Rudolstadt, Reuß ä. L. u. Lippe 6 Jahre; die Abgeordneten zu der II. sächsischen Kammer treten nach dem 3. Landtage seit ihrer Wahl aus; in Lippe werden die Abgeordneten der Ritterschaft zum jedesmaligen Landtage entsendet. In Preußen, Mecklenburg, Waldeck-Pyrmont u. Schaumburg-Lippe wird regelmäßig ordentlicher Weise der Landtag alle Jahre einberufen, in Lippe alle 2 Jahre, in S.-Koburg im ersten u. letzten, in Schw.-Sondershausen im zweiten u. letzten Jahre der 4jährigen Legislatur- ob. Finanzperiode, in Lauenburg, so oft es nothwendig ist, in allen übrigen Staaten alle 3 Jahre.

Was die Volksvertretungen in den Hansestädten anbelangt, so besteht die Bürgerschaft in Hamburg aus 192 Mitgliedern, von denen 84 aus allgemeinen directen Wahlen hervorgehen, 48 von den Eigenthümern größerer städtischer Grundstücke u. 60 von den Gerichten, Deputationen u. Collegien für die Verwaltung ob. den Aeltersleuten der Gewerbe gewählt werden (Verf. v. 28. September 1860 u. Wahlgesetz v. 11. August 1859). In Lübeck sind zur Wahl der Bürgerschaft, welche 120 Mitglieder zählt, alle Bürger gleichmäßig berechtigt (Verf.-Urkunde vom 29. December 1851). In Bremen endlich besteht die Bürgerschaft aus 150 Mitgliedern, nämlich aus 16 Vertretern jener Staatsbürger, die auf einer Universität eine gelehrte Bildung erworben haben, 48 Vertretern des Kaufmannsconvents und der Handelskammer, 24 Vertretern des Gewerbeconvents und der Gewerbekammer, 30 Vertretern der übrigen Staatsbürger in der Stadt Bremen, 10 Vertretern der Landwirthe u. 22 Vertretern der Landbezirke (Verf. v. 21. Febr. 1854). Die Wahl währt auf 6 Jahre.

Provinzial-, Bezirks- u. Gemeindeverfassung. In der preußischen Monarchie bestehen zur Vertretung der Provinzen u. zur Wahrung der Provinzial-Interessen Provinzialstände, welche in den acht alten Provinzen aus den Standesherren, den Vertretern der evangel. Domstifter und den Abgeordneten der Ritterschaft, der Städte u. des bäuerlichen Standes zusammengesetzt sind. In der neuen Provinz Hannover wurde durch die königl. Verordnung v. 22. Aug. 1867 eine provinzialständische Verfassung eingeführt; auf dem hasigen Provinzial-Landtage erscheinen 5 Standesherren, der Erblandmarschall u. 25 Abgeordnete der größeren Grundbesitzer, 25 Abgeordnete der Städte u. 25 Abgeordnete der Landgemeinden. Eine gleiche Verfassung erhielt die neue Provinz Schleswig-Holstein durch die kön. Verordnung v. 22. Sept. 1867; der Provinzial-Landtag wird hier von dem Besitzer des fürstl. hessensteinischen Fideicommißgüter, von 4 Vertretern der Ritterschaft, 15 Abgeordneten der größeren Grundbesitzer, 19 Abgeordneten der Städte u. 19 Abgeordneten der Landgemeinden gebildet. Den neugebildeten Regierungs-Bezirken Kassel u. Wiesbaden hinwieder, die einstweilen in einen Provinzialverband nicht eingefügt wurden, ward (durch die kön. Verordn. v. 20. u. 26. Sept. 1867) eine communalständische Verfassung verliehen, mit Communal-Landtagen, welche die Rechte u. Pflichten von Provinzial-Landtagen in den älteren Landestheilen übernahmen. Der Communal-Landtag des Reg.-Bez. Kassel wird aus den Häuptern zweier landgräfl. hessischer Linien u. der Standesherrschaften, dem Senior der freiherrl. Familie Riedesel, einem Vertreter des Domänenfiscus, einem der ritterschaftlichen Obervorsteher der Stifter Kauffungen u. Wetter, einem Deputirten der Universität Marburg, aus 6 Abgeordneten der Ritterschaft, 16 Abgeordneten der Städte, 16 Abgeordneten der Landgemeinden u. 16 Abgeordneten der höchstbesteuerten Grundbesitzer u. Gewerbtreibenden gebildet; jener des Reg.-Bez. Wiesbaden aus 4 Standesherren, 2 gewählten Vertretern des großen Grundbesitzes und 22 Abgeordneten der Kreise, mit Ausschluß des Stadtkreises Frankfurt a. M., der vorderhand dem communalständischen Verbande nicht eingefügt wurde. Communal-Landtage, jedoch mit beschränkterem Wirkungskreise, als der der beiden eben genannten ist, bestehen auch in der Alt-, Kur- u. Neumark, in der Nieder-Lausitz, der Ober-Lausitz, in Hinter- u. Altvorpommern u. in Neuvorpommern. — Das in den älteren Provinzen bestehende Institut der Kreisstände wurde ebenfalls auf die neuen Landestheile übertragen; in den älteren landräthlichen Kreisen erscheinen auf den Kreistagen die Standesherren u. Rittergutsbesitzer, sowie die Deputirten der Städte u. der Landgemeinden, in den Provinzen Hannover u. Schleswig-Holstein u. im Reg.-Bez. Kassel die größeren Grundbesitzer, die Abgeordneten der Städte und der Landgemeinden, im Reg.-Bez. Wiesbaden die Bezirksräthe u. die Besitzer jener Güter, die mindestens 500 fl. Grundsteuer zahlen, eventuell die Besitzer von umfangreichen Fabriketablissements, von Berg- u. Hüttenwerken. Die im Gebiete des vormaligen Königreichs Hannover bestandenen Provinziallandschaften wurden unter der Benennung „Landschaften", als besondere Corporationen für die Wahrnehmung communaler Angelegenheiten der Landschaftsbezirke, beibehalten (kön. Verordn. v. 22. Sept. 1867), desgleichen die bas'gen Amtsvertretungen und die Bezirksräthe im Reg.-Bez. Wiesbaden, während die ehemal. kurhessischen Bezirksräthe außer Wirksamkeit gesetzt wurden. In Westfalen u. der Rheinprovinz besteht außer den Kreisräthen gleichfalls noch eine andere Kategorie von Bezirksvertretungen, in den Amts- u. Bürgermeisterei-Versammlungen. Von den nichtpreußischen Bundesstaaten besitzt Sachsen berathende Kreistäge (in der Ober-Lausitz Provinzialstände), Oldenburg Provinzialräthe (in den Provinzen Lübeck u. Birkenfeld) u. Amtsräthe (im Herzogthume), S.-Weimar-Eisenach, Schw.-Sondershausen u. Reuß j. L. Bezirksausschüsse, S.-Meiningen Kreisausschüsse, die Prov. Oberhessen Bezirksräthe, Braunschweig Amtsräthe, Wald.-Pyrmont Kreisvorstände u. Lippe Amtsgemeinderäthe, als Vertretungen in den Verwaltungsbezirken.

Was die Gemeindeverfassung anbelangt, so sind in den norddeutschen Bundesstaaten die Stadtverordneten- und Gemeindevertreter-Versammlungen, die Bürger- und Gemeindeausschüsse, die Gemeinderäthe ꝛc., welche frei gewählt werden, als beschließende Vertretungen der Gemeinden, und die Magistrate, Stadträthe, Gemeindevorstände ꝛc., deren Mitglieder entweder gewählt oder theilweise (wie in Preußen, Mecklenburg u. Schw.-Sondershausen) von der Regierung ernannt werden, als verwaltende Behörden berufen. Auf den ritterschaftlichen und übrigen Gütern der mecklenburgischen Lande u. Lauenburg's liegen den Gutsherrschaften alle Rechte u. Pflichten rücksichtlich jener Angelegenheiten ob, welche sonst in das Gebiet der politischen Gemeindeverfassung fallen; dies war früher auch in Schleswig-Holstein der Fall, wo sie dagegen gegenwärtig, in dieser Provinz geltenden Landgemeindeverfassung vom 22. Septbr. 1867 sind die bas'gen Landgemeinden zur selbständigen Verwaltung ihrer Angelegenheiten berechtigt. Sonst ist in Preußen, Anhalt, Schwarzburg u. Lippe die Bildung von Gutsbezirken gestattet. In den hanseatischen Republiken fallen die Gemeindeangelegenheiten der eigentlichen Freistadt im Ressort von Senat u. Bürgerschaft. Die vormalige freie Stadt Frankfurt a. M. erhielt unterm 25. März 1867 ein neues Gemeindeverfassungsgesetz, das in seinen Bestimmungen den diesfalls in den älteren Landestheilen der preußischen Monarchie geltenden Vorschriften nachgebildet ist.

Kirchliche Verfassung. Die Verfassung der evangelischen Kirche beruht auf verschiedenen Grundsätzen. Das Synodal-System, im vollkommenen Maße, ist nur im Gebiete des vormal. Königreichs, der nunmehrigen Provinz Hannover (durch die luther. Kirchenvorstands- und Synodal-Ordnung vom 9. Oct. 1864), im Königr. Sachsen (durch die ev.-luth. Kirchenvorstands- u. Synodalordnung v. 30. März 1868) und in Oldenburg eingeführt, während die altpreußischen Provinzen, obschon in ihnen Kreis- und Provinzial-Synoden bestehen, einer allgemeinen Vertretung der gesammten Landeskirche, die mit den Rechten der Kirchengewalt ausgestattet wäre, entbehren. In allen diesen Ländern besteht auch die Presbyterial-Verfassung, die sonst noch in S.-Weimar-Eisenach, S.-Meiningen, Braunschweig, Waldeck-Pyrmont, den Hansestädten u. in der Stadt Frankfurt a. M. Geltung erlangt hat. Im vormaligen Kurfürstenth. Hessen und in Fürstenth. Reuß j. L. soll in liturgischen Sachen keine Neuerung ohne Zustimmung einer Synodal-Versammlung gepflogen werden und im Herzogth. Sachsen-Altenburg sind rein geistliche Synoden eingeführt. In allen anderen Staaten u. Ländern des Norddeutschen Bundes beruht die evangelische Kirchenverfassung auf dem reinen Consistorialsysteme. — In der preußischen Monarchie fungirt als die oberste Kirchenbehörde der Oberkirchenrath zu Berlin, welchem als geistliche Oberbehörden für die Provinzen Consistorien, denen die General-Superintendenten beigeordnet sind, unterstehen. Consistorien sind errichtet zu Berlin für die Prov. Brandenburg, zu Stettin für die Prov. Pommern, zu Magdeburg für die Prov. Sachsen, zu Breslau für die Prov. Schlesien, zu

Königsberg für die Prov. Preußen, zu Posen für die Prov. Posen, zu Münster für die Prov. Westfalen, zu Koblenz für die Rheinprovinz, zu Hannover für die Prov. Hannover, zu Kiel für die Provinz Schleswig-Holstein, zu Marburg für den Regier.-Bezirk Kassel und zu Wiesbaden für den Reg.-Bez. Wiesbaden. Den Consistorien sind die Superintendenten (Kirchenpröbste in Schleswig-Holstein), als die Vorsteher der einzelnen Kirchenkreise oder Diöcesen untergeordnet. Für das Herzogthum Lauenburg besteht ein selbständiges Consistorium in der Stadt Ratzeburg. — Was die übrigen Bundesstaaten betrifft, so ist in M.-Schwerin u. Oldenburg der Oberkirchenrath, in S.-Weimar u. Schw.-Sondershausen der Kirchenrath, in S.-Meiningen, Schw.-Rudolstadt u. Reuß j. L. die Ministerial-Abtheilung für Kirchen- u. Schulsachen, in S.-Koburg-Gotha das Staats-Ministerium, in Hamburg u. Lübeck der Senat mit dem „geistlichen Ministerium", in Bremen eine Commission des Senats, in jedem der übrigen Bundesstaaten ein Consistorium mit der obersten Leitung der kirchlichen Angelegenheiten betraut. Die höheren Geistlichen sind die General-Superintendenten und die Superintendenten. — Die Gesammtzahl der evang. Geistlichen im Gebiete des Norddeutschen Bundes beträgt etwa 12,700, wovon 8900 auf Preußen kommen.

Die römisch-katholische Kirche zählt im norddeutschen Bundesgebiete 2 Erzbisthümer (Köln u. Gnesen-Posen), 10 Bisthümer (Trier, Münster, Paderborn, Kulm, Ermland, Breslau, Hildesheim, Osnabrück, Fulda u. Kassen) u. 3 apostolische Vicariate (das Dresdener für Sachsen, neben welchem das Domstift St. Petri in Bautzen als Consistorialbehörde für die sächs. Ober-Lausitz fungirt, das für Anhalt u. das der nordischen Missionen). Sonst erstrecken sich auch die Sprengel des Erzbischofs von Freiburg u. der Bischöfe von Mainz u. Würzburg auf Theile des norddeutschen Bundesgebiets. — Es giebt in sämmtlichen norddeutschen Bundesstaaten ungefähr 7800 römisch-katholische Seelsorger, 253 Klöster (251 in Preußen, 2 in Sachsen) mit — Ende 1864 — 1409 Mönchen und etwa 4100 Nonnen.

Staatsverwaltung in den einzelnen Staaten.

Staatsverwaltung in Preußen. In der preußischen Monarchie sind mit der Staatsverwaltung in der obersten Instanz folgende 9 Ministerien, mit dem Sitze in Berlin, betraut: 1) Das Ministerium der auswärtigen Angelegenheiten, neben welchem ein Ministerium des königlichen Hauses als Hofbehörde besteht. 2) Das Ministerium der Finanzen, mit 4 Abtheilungen, für Etats- u. Kassenwesen, Domänen u. Forsten, indirecte Steuern, directe Steuern; von ihm dependiren die Seehandlung, die Hauptverwaltung der Staatsschulden, die General-Lotteriedirection, die Münze u. s. w. 3) Das Ministerium der geistlichen, Unterrichts- und Medicinal-Angelegenheiten (mit 4 Abtheilungen), von welchem die Commission für die Erforschung u. Erhaltung der Kunstdenkmäler, die wissenschaftliche Deputation für das Medicinalwesen, die Hochschulen u. s. w. unmittelbar abhängen. 4) Das Ministerium für Handel, Gewerbe u. öffentliche Arbeiten, aus dessen Ressort infolge allerh. Erlasses v. 28. Sept. 1867 die Verwaltung des Postwesens (mit sämmtlichen Ober-Postdirectionen und Postämtern) u. des Telegraphenwesens, die als Bundessache zu behandeln ist, geschieden wurde. Von diesem Ministerium ressortiren nunmehr die Eisenbahncommissariate für die Privatbahnen u. die kön. Eisenbahndirectionen, die technische Baudeputation, die technische Deputation für Gewerbe, die Oberbergämter zu Breslau, Halle, Dortmund, Bonn u. Klausthal u. s. w. 5) Das Ministerium des Innern, welchem das Polizeipräsidium in Berlin u. das statistische Bureau ebenda unmittelbar untergeordnet sind. 6) Das Ministerium der Justiz. 7) Das Kriegsministerium (mit den General-Commanden des Garde- u. der Armeecorps, den General-Inspectionen der Artillerie, des Ingenieurcorps, des Militär-Erziehungs- u. Bildungswesens 2c.). 8) Das Ministerium für die landwirthschaftlichen Angelegenheiten, zu dessen Ressort das Landes-Oekonomie-Collegium u. das Revisions-Collegium für Landesculturachen gehören. 9) Das Marine-Ministerium, in dessen Competenz auch die Landesverwaltung des Jahdegebietes fällt. Der Oberkirchenrath u. die Ober-Rechnungskammer haben eine von den Ministerien unabhängige Stellung. — Sämmtliche Minister, bilden, unter dem Vorsitze des Minister-Präsidenten, das Staatsministerium, welchem, neben seinem berathenden Wirkungskreise, auch gewisse beschließend-verfügende Befugnisse übertragen sind. Außerdem ist als berathendes Collegium der Staatsrath eingesetzt, aus welchem der Gerichtshof zur Entscheidung der Competenzconflicte hervorgeht.

Die Administration in den Provinzen wird in höherer Instanz von den Oberpräsidien, jene in den Regierungs-Bezirken von den Regierungen wahrgenommen. Dem Oberpräsidium ist der Oberpräsident vorgesetzt, dessen Wirkungskreis die Verwaltung derjenigen Gegenstände umfaßt, welche sich auf die Gesammtheit der Provinz beziehen oder sich über den Bereich einer Regierung hinaus erstrecken; die Oberpräsidenten haben ferner die Oberaufsicht auf die Verwaltung der Regierungen, der Provinzial-Steuerdirectionen u. der General-Commissionen (zur Regulirung der gutsherrlichen u. bäuerlichen Verhältnisse), den Vorsitz u. die Leitung der Geschäfte in den Consistorien, Provinzial-Schul- u. Medicinal-Collegien u. s. w. sie sind Stellvertreter der obersten Staatsbehörden in besonderem Aufträge und bei außerordentlicher Veranlassung. Die Oberpräsidenten sind dem Staatsministerium und den einzelnen Minister für dessen Wirkungskreis untergeordnet. In der Regel ist der Oberpräsident der Provinz zugleich Präsident derjenigen Regierung, welche an seinem Wohnorte ihren Sitz hat. Für die neugebildeten Regierungs-Bezirke

Kassel u. Wiesbaden sind dem Präsidenten der Regierung zu Kassel die Befugnisse eines Oberpräsidenten übertragen worden; der selbständige Regierungs-Bezirk der hohenzollern'schen Lande dagegen dependirt nur in Militär-Angelegenheiten von dem rheinländischen Oberpräsidium. — Den einzelnen Regierungs-Bezirken sind die Regierungen vorgesetzt, deren Geschäftskreis sich auf alle Gegenstände der innern Landesverwaltung erstreckt, welche von den verschiedenen Ministerien (mit Ausnahme des Justizministerium's) abhängen, insoweit für dieselben nicht andere Verwaltungsbehörden bestimmt sind, namentlich auf alle inneren Angelegenheiten, Kirchen- u. Schulsachen, directe Steuern, Domänen u. Forste, in der Prov. Brandenburg u. in Hohenzollern auch auf indirecte Steuern, in den Provinzen Preußen u. Rheinland, den Reg.-Bezirken Frankfurt a. d. O. und Sigmaringen auch auf jene Geschäfte, die sonst den General-Commissionen zur Regulirung der gutsherrlichen u. bäuerlichen Verhältnisse übertragen sind. In der Provinz Hannover sind einstweilen noch die 6 Landdrosteien belassen worden u. vertreten diese die Stelle der Regierungen in den anderen Provinzen; die Wahrnehmung der Regierungsgeschäfte des Berghauptmanns zu Klausthal ist, bis zur anderweiten Verwaltungsorganisation, einem besondern Beamten übertragen worden. Die Functionen, welche in Bezug auf directe Steuern den Regierungen obliegen, werden in der Prov. Hannover von der Provinzial-Finanzdirection besorgt. — Die weitere Verwaltung beruht auf der Eintheilung der Regierungs-Bezirke in Kreise (in den hohenzollern'schen Landen Oberamts-Bezirke), welche in den neuen Landestheilen durch die königlichen Verordnungen vom 22. Februar 1867 (für die Regierungs-Bezirke Kassel und Wiesbaden), 12. September 1867 (für die Provinz Hannover) und 22. September 1867 (für die Prov. Schleswig-Holstein) eingeführt wurde. In jedem Kreise steht an der Spitze der gesammten, in höherer Instanz von der Regierung ressortirenden Verwaltung ein Landrath (Landrathsamt, in den hohenzollern'schen Landen Oberamtmann und Oberamt), dessen Aufsicht der ganze Kreis unterworfen ist, mit Ausnahme jener Städte, welche besondere Kreise (Stadtkreise) bilden, in denen die Stadtbehörden, oder eigene königl. Polizei-Präsidien ob. Polizeidirectionen unmittelbar unter der Regierung die örtliche Verwaltung u. Polizei besorgen. In der Provinz Hannover ist ein Kreishauptmann mit der Wahrnehmung der den ganzen Kreis betreffenden Geschäfte beauftragt, während sonst die Functionen des Landraths von den Amtshauptmännern der 101 Amtsbezirke, in welche die Kreise dieser Provinz zerfallen, ausgeübt werden. Ebenso sind im Gebiete des vormal. Herzogthums Nassau u. des Amts Homburg die früheren Amtsbezirke (im Ganzen 28 an Zahl) als engere Verwaltungsbezirke belassen worden, in welchen je ein Amtmann als Organ des Landraths fungirt und die Handhabung der Ortspolizei beaufsichtigt; solche Amtmännner wurden auch im früher großh. beff. Kreise Böhl u. im früher bayer. Bezirke Orb, die beide zum Reg.-Bezirke Kassel gebildeten größeren Kreisen zugelegt wurden, bestellt, während man in der Prov. Schleswig-Holstein als Organe der Landräthe Harbes- u. Kirchspielsvögte einsetzte. Außer diesen sind in allen Landestheilen die Orts- u. Polizeiobrigkeiten der Städte u. des platten Landes (Magistrate u. Bürgermeister in den Städten, Gutsherrschaften u. Gemeindevorsteher auf dem Lande, Amtmänner in den westfälischen, Bürgermeister in den rheinländischen Landgemeinden) mit verschiedenen Geschäften örtlicher Administration beauftragt. — In Berlin besteht für die Localpolizei ein Polizei-Präsidium, welches, nebst dem dasigen Magistrat, unmittelbar vom Ministerium des Innern dependirt. Abgesehen von diesen beiden geben wir in Folgendem eine Uebersicht über die Oberpräsidien und über die von diesen unmittelbar abhängigen Behörden (mit Ausnahme der früher genannten Consistorien), sowie über die den Regierungen unterstehenden Landrathsämter (in der Prov. Hannover Kreishauptleute, in den hohenzollern'schen Landen Oberämter, königl. Polizei- und städtischen Behörden:

Provinz	Sitz des Ober-Präsidiums	Sitz der Regierungen	Sitz des Prov.-Schul-collegium's	Sitz der Medicinal-Collegium's	Sitz der Provinzial-Steuer-directionen	Sitz der General-Commissionen	Kön. Polizeibehörden	Selbständ. städt. Beh.	Landraths-Aemter
Brandenburg	Potsdam	Potsdam	Berlin	Berlin	(Regierung)	Berlin	1		14
		Frankf.a./O.			(Regierung)	(Regierung)	—	1	16
		Stettin					1	1	12
Pommern	Stettin	Köslin	Stettin	Stettin	Stettin	Pr.-Stargard			10
		Stralsund							4
		Magdeburg					2	1	14
Sachsen	Magdeburg	Merseburg	Magdeburg	Magdeburg	Magdeburg	Merseburg			16
		Erfurt							9
		Breslau					1	1	23
Schlesien	Breslau	Liegnitz	Breslau	Breslau	Breslau	Breslau			19
		Oppeln							16
		Königsberg				Königsberg	(Regierung)	1	1	19
Preußen	Königsberg	Gumbinnen	Königsberg	Königsberg	berg	(Regierung)			16
		Danzig			Danzig	(Regierung)	2	1	7
		Marienwerd.				(Regierung)			13

Staatsverwaltung in den einzelnen Staaten. 33

Provinz	Sitz des Ober-Präsidiums	Sitz der Regierungen	Sitz des Prov.-Schul-collegium's	Sitz des Medicinal-Collegium's	Sitz der Provinzial-Steuer-directionen	Sitz der General-Commissionen	Kön. Zoll-Hebebehörden	Seebahn. Nebel. Het.	Landrathl. Kreise
Posen	Posen	Posen / Bromberg	Posen	Posen	Posen	Posen	1	1	17 / 9
Westfalen	Münster	Münster / Minden / Arnsberg	Münster	Münster	Münster	Münster	— / — / —	1 / — / —	10 / 10 / 14
Rhein-provinz	Koblenz	Köln / Düsseldorf / Koblenz / Trier / Aachen	Koblenz	Koblenz	Köln	(Regierung) / " / " / " / "	1 / 1 / * / 1 / 1	1 / 2 / — / 1 / 1	10 / 15 / 12 / 12 / 10
Hannover	Hannover	6 Landdro-steien	Hannover	Hannover	Hannover	Hannover	1	1	36
Schlesw.-Holstein	Kiel	Kiel / Schleswig	Kiel	Kiel	Glückstadt	—	1	1	10 / 9
Reg.-Bez. Kassel u. Wiesbad.	Kassel	Kassel / Wiesbaden	Kassel	Kassel	Kassel	—	1 / 2	1 / 2	22 / 10
Hohenzollern'sche Lande	Sigmaring.	Koblenz	Koblenz	(Regierung)	(Regierung)	—			4

Die Einsetzung von Auseinandersetzungsbehörden (General-Commissionen) in den Reg.-Bezirken Kassel u. Wiesbaden u. in der Prov. Schleswig-Holstein wird erst erfolgen. Die Verwaltung im Jahde-Gebiete wird vom Admiralitätscommissariat in Oldenburg und unter diesem vom Amt in Jever besorgt. — Die untersten Behörden in Bezug auf das Finanzwesen sind die Zoll- u. Steuerämter, für directe Steuern die Kreisklassen u. s. w.

Die Rechtspflege wird in der preußischen Monarchie von folgenden Behörden wahrgenommen: 1) in den älteren Landestheilen, mit Ausnahme des Bezirks des rheinischen Appellationsgerichtshofs in Köln: in der höchsten Instanz vom Obertribunale in Berlin; in zweiter Instanz von 21 Appellationsgerichten, nämlich in Berlin („Kammergericht"), Frankfurt a./O., Stettin, Köslin, Greifswald, Magdeburg, Halberstadt, Naumburg, Breslau, Glogau, Ratibor, Königsberg („Tribunal"), Insterburg, Marienwerder, Posen, Bromberg, Münster, Paderborn, Hamm, Arnsberg, Ehrenbreitstein (Justizsenat); in erster Instanz von 80 Schwurgerichten, 243 Stadt- u. Kreisgerichten (Collegialgerichten), mit denen Gerichtsdeputationen (Collegialgerichte) u. Gerichtscommissionen (Einzelgerichte) verbunden sind, für gewisse Geschäfte der freiwilligen Gerichtsbarkeit von „Dorfgerichten" u. „Voluntärgerichten". 2) Im Bezirke des rheinischen Appellationsgerichtshofs in Köln: in höchster Instanz vom Obertribunale in Berlin, in zweiter Instanz vom Appellationsgerichtshofe in Köln, in erster Instanz von den 9 Landgerichten, bei denen die Assisen- oder Schwurgerichtshöfe gebildet werden, u. von den 126 Friedensgerichten. 3) In den neu erworbenen Landestheilen (mit Ausnahme Frankfurt's a./M.): in höchster Instanz vom Ober-Appellationsgerichte in Berlin (errichtet mit kön. Verordn. v. 27. Juni 1867); in zweiter Instanz von den Appellationsgerichten in Kassel, Wiesbaden, Celle und Kiel; in erster Instanz von 26 collegialisch eingerichteten Kreisgerichten (in der Prov. Hannover von den „Obergerichten"), von den Schwurgerichtshöfen u. von 301 Amts-gerichten (Einzelgerichten). — Im Reg.-Bez. Wiesbaden verblieb den Feldgerichten, Bürgermeistern u. Ortsgerichten ihre bisherige Mitwirkung in Rechtssachen. (Königl. Verordn. v. 26. Juni 1867; kön. Verordn. v. 25. Juni 1867, betr. das Strafrecht u. das Strafverfahren in den neuen Landestheilen.) 4) In Frankfurt a./M. endlich wird die Gerichtsbarkeit vom Obertribunale in Berlin, vom Appellationsgerichte, vom Stadtgerichte, vom Schwurgerichtshofe, vom Stadtamte u. vom Rügegerichte wahrgenommen. — Außer diesen ordentlichen Gerichtsbehörden giebt es in der preuß. Monarchie verschiedene Special-Gerichte, wie der geheime Justizrath, der Gerichtshof für Staatsverbrechen (Kammergericht in Berlin), die Handels- u. die Gewerbegerichte, die Militärgerichte u. s. w. — Im Herzogthume Lauenburg sind mit der obersten Verwaltung der Minister für Lauenburg in Berlin u. die Regierung in Ratzeburg, mit der unteren Administration u. Rechtspflege die 4 landesherrlichen Aemter, die städtischen Magistrate und die Gutsherrschaften u. deren Gerichtshalter in den 22 adeligen Gütern betraut. Obere Justizinstanz, in gewissen Rechtssachen auch erste Instanz ist das Hofgericht in Ratzeburg, höchste Gerichtsinstanz das Ober-Appellationsgericht in Berlin.

Staatsverwaltung in Sachsen. In der sächsischen Monarchie sind die obersten Staatsbehörden: das Gesammt-Ministerium, welchem die Ober-Rechnungskammer unmittelbar untergeordnet ist, der Staatsrath und die 6 Ministerial-Departements. Die letzteren sind: das Ministerium der Justiz; das Ministerium der Finanzen (auch für die öffentlichen

Arbeiten u. Verkehrsanstalten des Staats, für Berg- u. Hüttenwesen), von welchem die Zoll- u. Steuerdirection in Dresden für die indirecten Abgaben (mit den Zoll- u. Steuerämtern), die 4 Kreissteuerräthe für die directen Steuern u. den Stempel (mit den 24 Bezirks-Steuereinnahmen), die Domänen-, Forst- u. Jagdverwaltungen, das Ober-Bergamt in Freiberg (mit den 4 Bergämtern), die den Amtshauptleuten beigegebenen Chaussee- u. Wasserbau-Inspectoren, die 4 Land- u. 13 Bezirks-Baumeister für das Hoch- u. Landbauwesen, die Staatseisenbahn-Directionen zu Leipzig u. Dresden u. s. w. dependiren; das Ministerium des Innern, welchem das statistische Büreau einverleibt ist und welchem das Landes-Medicinalcollegium, die Commission für das Veterinärwesen, die Brandversicherungs-Commission, die technische Deputation (berathendes Collegium von Sachverständigen), die General-Commission für Ablösungen u. Gemeinheitstheilungen, die Normal-Aichungscommission, der Landesculturrath, alle in Dresden, die Kreisdirectionen 2c., unmittelbar untergeordnet sind; das Kriegsministerium; das Ministerium des Cultus u. öffentlichen Unterrichts; das Ministerium der auswärtigen Angelegenheiten. Das Ministerium des königlichen Hauses ist eine Hofbehörde.

In jedem der vier Regierungs-Bezirke, in welche das Königreich Sachsen eingetheilt wird, befindet sich, als Mittelbehörde für die Verwaltungsangelegenheiten, unter dem Ministerium des Innern eine Kreisdirection, bei welcher für evangel. Kirchen- u. Schulsachen eine Kirchen- u. Schuldeputation errichtet ist; für Medicinalsachen ist bei ihr ein Medicinalrath angestellt, in Angelegenheiten der directen Steuern wird der Kreis-Steuerrath beigezogen. Im Verhältnisse belegirter Mitglieder zu den Kreisdirectionen stehen die 14 Amtshauptleute, deren Geschäfte in den zum Bezirke der Kreisdirection zu Zwickau gehörigen schönburgischen Recessherrschaften die fürstl. u. gräfl. schönburg. Gesammtkanzlei besorgt. Unter Aufsicht der Amtshauptleute stehen als Verwaltungs- u. Polizeibehörden I. Instanz die 122 Gerichtsämter (115 königl. u. 7 schönburg.) und die Stadträthe in jenen Städten, in welchen die allgemeine Städteordnung eingeführt ist; nur die königl. Polizeidirection u. der Stadtrath in Dresden, sowie der Stadtrath mit dem Polizeiamte in Leipzig sind der Kreisdirection, beziehentl. dem Ministerium des Innern unmittelbar untergeordnet. Den Gerichtsämtern sind die Friedensrichter für den ganzen Bereich ihrer polizeilichen u. gemeindeobrigkeitlichen Amtsthätigkeit zur Seite gestellt; sonst kommt die Localpolizei auf dem platten Lande den Gutsherren zu.

Für die Rechtspflege bestehen als ordentliche Gerichtsbehörden: das Ober-Appellationsgericht in Dresden, als die höchste Instanz; die Appellationsgerichte in Dresden, Leipzig, Zwickau u. Bautzen, als II. Instanz; als II. u. I. Instanz: die 17 Bezirksgerichte (darunter 1 schönburg. in Glauchau), welche collegialisch besetzt sind; und die vorhin erwähnten 122 Gerichtsämter (Einzelgerichte), als Behörden I. Instanz; endlich die demnächst in's Leben tretenden Geschwornengerichte.

Staatsverwaltung in Mecklenburg. In Mecklenburg-Schwerin bestehen vier Ministerien, nämlich für die auswärtigen Angelegenheiten, für das Innern (mit dem statistischen Bureau, der Landes-Vermessungscommission, der Chaussee-Verwaltungscommission 2c.), für die Finanzen (mit dem Revisions-Departement, der Renterei, der Reluitionscommission, der Steuer- u. Zolldirection, dem Kammer- u. dem Forstcollegium) und für die Justiz, mit welch' letzterem für jetzt in besondern Abtheilungen die geistlichen, Unterrichts- u. Medicinal-Angelegenheiten verbunden sind (von der Medicinal-Abtheilung ressortirt die Medicinal-Commission in Rostock). Die Minister treten im Staatsministerium zusammen. Für das Militärwesen sorgt das Militärdepartement. — In Mecklenburg-Strelitz ist das Staatsministerium in Neu-Strelitz die höchste Behörde, welcher die Landesregierung, die geheime Commission (für das Schulwesen), die Finanzcommission, das Kammer- u. Forstcollegium, das Medicinal-Collegium, das Consistorium (zugleich Ober-Schulcollegium) 2c., unmittelbar untergeordnet sind. — Die untere politische und Polizeiverwaltung wird in den Städten und deren Gütern von den Magistraten, im Dominium von den Domänen-Aemtern (in Mecklenburg-Schwerin 45, in Mecklenb.-Strelitz 5, wozu das Kabinetsamt für die Allodialgüter u. die Landvogtei zu Schönberg für das Fürstenth. Ratzeburg hinzutreten), in den ritterschaftlichen u. übrigen Gütern von den Gutsherrschaften ausgeübt. Ein besonderes landesherrliches Polizeicommissariat besteht für die Residenzstadt Schwerin. — Die Rechtspflege wird gehandhabt von dem Ober-Appellationsgerichte in Rostock, 4 Justizkanzleien (Obergerichte — 3 für M.-Schwerin, 1 für M.-Strelitz), 2 städtischen Obergerichten (Rostock u. Wismar), dem Criminalcollegium in Bützow (für M.-Schwerin), von den Orts- u. Niedergerichten (den Amtsgerichten, dem Justizamte in Schönberg, den Magistrats- u. Stadtgerichten, den Patrimonialgerichten) und von gewissen besondern oder außerordentlichen Gerichten.

Staatsverwaltung in Oldenburg. Im Großherzogthume Oldenburg wird die oberste Leitung der Regierung vom Staatsministerium wahrgenommen, welches, nach den einzelnen Zweigen der Staatsverwaltung, in mehrere Departements zerfällt; mit ihm ist auch das statistische Bureau verbunden. Jede der drei Provinzen (Herzogth. Oldenburg, Fürstenthümer Lübeck u. Birkenfeld) besitzt ihre eigenen Provinzialbehörden. Diese sind: für das Herzogth. Oldenburg die Regierung, zu deren Geschäftskreis die Polizeidirection, die Direction des Wege- u. Wasserbaues, das Medicinal-Collegium 2c. gehören; die Ablösungscommission u. die Revisions-

Staatsverwaltung in den einzelnen Staaten. 35

behörde; die Kammer (für das Finanzwesen), bei welcher seit 1. April 1867 ein Zolldepartement eingesetzt ist u. von welcher die Landeskasse, die Forstdirection u. die Hochbau-Direction ressortiren; die Eisenbahndirection; das evang. u. das kath. Ober-Schulcollegium und der evang. Oberkirchenrath; — für das Fürstenth. Lübeck die Regierung, die Ablösungs- u. die Revisionsbehörde zu Eutin; — für das Fürstenthum Birkenfeld die Regierung, das Consistorium u. die Commission für die katholischen Kirchenangelegenheiten zu Birkenfeld. Die unteren Behörden für die Administration sind im Herzogth. Oldenburg die 18 Aemter (welchen die Gemeindevorsteher untergeordnet sind) u. die denselben gleichgestellten Magistrate in den 3 Städten erster Classe; im Fürstenth. Lübeck die beiden Aemter u. der Stadtmagistrat in Eutin; im Fürstenth. Birkenfeld die 9 Bürgermeister. — Als Gerichtsbehörden sind bestellt: das Ober-Appellationsgericht zu Oldenburg, das Appellationsgericht zu Oldenburg, das Schwurgericht ebenda, die 5 Obergerichte (3 im Herzogth. Oldenburg, je 1 in den beiden Fürstenthümern), die 24 Amtsgerichte (18 im Herzogth. Oldenburg, 3 im Fürstenth. Lübeck, 3 im Fürstenth. Birkenfeld) u. die Justitiariate in den neu erworbenen lübischen Gütern u. Stadtstiftsdörfern.

Staatsverwaltung in den thüringischen Staaten. In jedem der thüringischen Staaten ist als oberste Behörde für die gesammte Staatsverwaltung je ein Staatsministerium (in S.-Weimar, S.-Meiningen u. S.-Koburg-Gotha), oder ein Cabinetsministerium (in Reuß ä. L.), oder ein Ministerium (in S.-Altenburg, Schw.-Rudolstadt, Schw.-Sondershausen und Reuß j. L.) niedergesetzt, welches entweder als Gesammtministerium oder durch seine einzelnen Abtheilungen wirksam ist. Das Staatsministerium von Sachsen-Koburg-Gotha zerfällt in zwei Abtheilungen, von welchen das eine die besonderen Angelegenheiten des Herzogth. Koburg, das andere die besonderen Angelegenheiten des Herzogthums Gotha verwaltet; die Ministerien in S.-Meiningen, Schw.-Sondershausen u. Reuß j. L. (zu Gera) theilen sich in 5 Abtheilungen, nämlich für das regierende Haus u. das Aeußere, für das Innere, für Kirchen- u. Schulsachen, für Justiz u. für die Finanzen, während die Ministerien in Weimar u. Altenburg nur 4 Abtheilungen (in S.-Weimar Departements) umfassen, indem dort die Angelegenheiten des großherz. Hauses, des Aeußern u. des Innern (Bekanntm. v. 26. Febr. 1868), hier die Angelegenheiten des Aeußern u. des Kirchen- u. Schulwesens (Ges. v. 14. März 1866) in einer Abtheilung vereinigt sind; auch in Schw.-Rudolstadt werden die Geschäfte des Ministeriums in Fachabtheilungen bearbeitet (Ges. v. 7. Febr. 1868), während in Reuß ä. L. eine Sonderung des Ministeriums nach Departements nicht eingeführt ist. Eine weitere Oberbehörde zwischen Ministerium u. Bezirksbehörden giebt es weder für die innere, noch für die Finanzverwaltung, mit Ausnahme von Reuß j. L., wo eine Kammer (für die Domänen) besteht u. von Reuß ä. L., wo die Regierung u. die Kammer (letztere für Domänen) errichtet sind. Für die untere Landesverwaltung und die Polizei zerfallen die thüringischen Staaten in Verwaltungs-Bezirke, S.-Altenburg zunächst in 2 Kreise, den Ost- u. Westkreis, die dann erst in Bezirke getheilt sind. Diesen Verwaltungs-Bezirken sind vorgesetzt in S.-Weimar 5 Bezirksdirectionen, in S.-Meiningen 9 Verwaltungsämter (von denen das Verw.-Amt Saalfeld in Kranichfeld u. Gräfenthal Gehülfen exponirt hat) u. die Residenz-Polizeidirection (nach dem Gesetze v. 15. April 1868 sollen in S.-Meiningen 4 Kreise (Kreisgemeinden) gebildet werden, mit je einem Kreisausschuß als Vertretung u. einem Kreisvorstand (Vorstand des betreff. Verwaltungskreises), in S.-Koburg-Gotha 4 Landraths- u. 3 Justizämter, in Schw.-Rudolstadt 3 Landrathsämter (Ges. v. 7. Febr. 1868), in Schw.-Sondershausen 4, in Reuß j. L. 3 Landrathsämter, in Reuß ä. L. 2 Justizämter u. 1 Polizeiamt (die Patrimonialgerichtsbarkeit wurde hier durch das Verf.-Gesetz v. 28. März 1867 aufgehoben); in Sachsen-Altenburg sind die beiden Kreishauptleute die Verwaltungsorgane für den Ost- u. Westkreis, während die erstinstanzliche Erledigung aller Verwaltungs- u. Polizeiangelegenheiten auf dem Lande den 9 Gerichtsämtern, in den Städten den Stadträthen zukommt. Auch in S.-Meiningen, S.-Koburg u. Reuß ä. L. sind sämmtliche, in S.-Gotha die größeren Städte von dem Wirkungskreise der Verwaltungsämter eximirt und ihren städtischen Behörden (Magistrat, Stadtrath, Bürgermeisteramt) unmittelbar untergeordnet. Die übrigen Gemeindevorstände fungiren, unter den Verwaltungsämtern, als Ortspolizeibehörden. — Für die Rechtspflege bestehen: das gemeinsame Ober-Appellationsgericht in Jena; die Appellationsgerichte in Eisenach (für S.-Weimar, Schwarzburg u. Reuß j. L.), Hildburghausen (für S.-Meiningen), Gotha (für S.-Koburg-Gotha) u. Altenburg (für S.-Altenburg), beide Gerichtsoberbehörden in Reuß ä. L. (Landesregierung u. Consistorium); die Geschworenengerichte in S.-Weimar, Meiningen, S.-Koburg-Gotha, Schwarzburg u Reuß j. L.; die collegialisch eingerichteten Kreisgerichte, 3 in S.-Weimar, 4 in S.-Meiningen, 2 in S.-Koburg-Gotha, 3 in Schwarzburg, 2 in Reuß j. L.; der Gerichtshof I. Instanz u. 2 Criminalgerichte in S.-Altenburg; die Einzelgerichte, nämlich 2 Stadtgerichte, 26 Justizämter u. 2 Justizamtscommissionen in S.-Weimar, 4 Landgerichte u. 6 Gerichts-Deputationen in S.-Meiningen, 1 Stadtgericht u. 18 Justizämter in S.-Koburg-Gotha, 2 Stadtgerichte u. 9 Gerichtsämter in S.-Altenburg, 6 Justizämter u. 1 Justizamtscommission in Schw.-Rudolstadt, 6 Justizämter in Schw.-Sondershausen, 5 Justizämter in Reuß j. L.; die unteren Gerichte in Reuß ä. L. (1 Criminalgericht, 2 Stadtgerichte u. 2 Justizämter). Das Institut der Friedensrichter besteht in S.-Meiningen, S.-Koburg-Gotha u. Reuß j. L., das der Schiedsmänner in Schw.-Sondershausen.

Staatsverwaltung in Braunschweig. Mit der obersten collegialischen Leitung der

Staatsverwaltung ist das Staatsministerium beauftragt, neben welchem zur Berathung der Gesetzentwürfe u. anderer wichtigen Landesangelegenheiten eine Ministerial-Commission besteht. Dem Staatsministerium sind unmittelbar untergeordnet: das statistische Bureau, das Consistorium in Wolfenbüttel (für Kirchen- u. Schulsachen), das Ober-Sanitätscollegium, die Landes-Oekonomie- u. die Aichungscommission, die herzogl. Kammer, das Finanz- u. das Steuercollegium, die Baudirection, die Generaldirection der Eisenbahnen u. die Kreisdirectionen. Die letzten sind die leitenden Behörden für die Landesverwaltung, Polizei in den 6 Kreisen, in welche das Staatsgebiet eingetheilt ist; ihnen unterstehen die Amtsräthe (Vertretungen) u. die Amtsvoigte in den 23 Aemtern; Ortspolizeibehörden sind die Polizeidirection zu Braunschweig, welche aber, nebst dem dasigen Magistrate, unmittelbar vom Ministerium dependirt, der Polizeirath in Wolfenbüttel, die Magistrate in den Städten u. die Gemeindevorsteher auf dem Lande. — Für die Rechtspflege bestehen: der Cassationshof u. das Obergericht in Wolfenbüttel, der Schwurgerichtshof ebenda, die 6 Kreisgerichte, 2 Stadt- u. 23 Amtsgerichte.

Staatsverwaltung in Anhalt. Nach den neuesten Organisations-Bestimmungen ist das Staatsministerium zu Dessau die oberste Behörde für das Herzogthum, welchem die Regierung (mit 3 Abtheilungen: für Finanzen, für Domänen u. Forsten, für das Innere u. die Polizei), das Consistorium (für evang. Kirchen- u. Schulsachen) u. das statistische Bureau, alle zu Dessau, das Oberbergamt in Bernburg u. die Generalcommission (für Separation u. Ablösung) zu Köthen unterstehen. Von der Regierung dependiren wieder die Kreisdirectionen in den 5 Kreisen, in welche das Herzogthum eingetheilt ist, mit den Sitzen in Dessau, Köthen, Zerbst, Bernburg u. Ballenstedt, unter deren Aufsicht die Ortspolizei durch die Gemeindevorstände u. die Eigenthümer der selbständigen Rittergüter besorgt wird; nur die Ortspolizeiverwaltungen zu Dessau, Köthen, Zerbst u. Bernburg stehen unmittelbar unter der Regierung. — Die Rechtspflege wird gehandhabt von dem Ober-Cassationsgerichte in Jena, dem Ober-Landesgerichte in Dessau, von den 5 Kreisgerichten u. von 11 Kreisgerichts-Commissionen. Auch wurden durch das Gesetz v. 10. August 1864 in allen Stadt- u. Landgemeinden Friedensrichter bestellt.

Staatsverwaltung in Waldeck-Pyrmont. Die höchste Centralstelle für die ganze Staatsverwaltung ist die Regierung in Arolsen, die ihre Geschäfte entweder im Plenum oder in den 6 Abtheilungen zur Erledigung bringt; neben ihr besteht für das Kirchen- u. Schulwesen das Consistorium. Für die innere u. Polizeiverwaltung ist in jedem der 4 Kreise des Staats eine kreisräthliche Behörde errichtet, unter deren Aufsicht die Bürgermeister als örtliche Organe der Staatsverwaltung fungiren. Die Gerichtsbehörden sind: der Cassationshof u. Gerichtshof III. Instanz (Obertribunal in Berlin), das Obergericht, das Schwurgericht, die 4 Kreisgerichte u. die Friedensgerichte. — Zufolge des zwischen Preußen u. Waldeck am 18. Juli 1867 abgeschlossenen Vertrags, welcher vom 1. Januar 1868 ab auf die Dauer von 10 Jahren in Kraft trat, übernimmt Preußen die innere Verwaltung der Fürstenthümer Waldeck u. Pyrmont, welche Namens des Fürsten in Uebereinstimmung mit der Verfassung u. den Gesetzen der Fürstenthümer geführt werden soll. Ausgeschlossen u. somit dem Fürsten vorbehalten bleibt nur diejenige Verwaltung, welche dem fürstl. Consistorium in seiner Eigenschaft als Oberkirchenbehörde zusteht, sowie die Verwaltung des Stiftes Schaalen. Der König von Preußen übt bezüglich der innern Verwaltung der Fürstenthümer die volle Staatsgewalt, wie sie dem Fürsten von Waldeck u. Pyrmont zusteht; letzterem bleibt jedoch das Begnadigungsrecht, sowie das Recht der Zustimmung zu Verfassungsänderungen u. Gesetzen, soweit sie nicht die von Preußen nach eigenem Ermessen zu ändernde Organisation der Justiz- u. Verwaltungsbehörden betreffen, vorbehalten. An die Spitze der Verwaltung der Fürstenthümer tritt ein vom Könige von Preußen zu ernennender Landesdirector (mit dem Sitze in Arolsen), durch welchen auch der Fürst die ihm verbleibende Vertretung des Staats nach Außen ausübt. Sämmtliche Staatsdiener werden von Preußen ernannt u. sind preußische Unterthanen. Die Verwaltung des Domanialvermögens wird durch diesen Vertrag nicht berührt.

Staatsverwaltung in Lippe. An der Spitze der Staatsverwaltung steht das Cabinets-Ministerium zu Detmold, welchem als obere Landesstellen die Regierung, die Kammer, die Forstdirection u. das Consistorium untergeordnet sind. Untere Verwaltungsbehörden sind in den Städten die Magistrate, auf dem Lande die 14 Aemter (13 fürstl. u. 1 freiherrl. Blombergisches). Gerichtsbehörden sind: das k. preuß. Appellationsgericht in Celle, als oberster Gerichtshof; die Justizkanzlei, das Hofgericht, das Criminalgericht, das Hofmarschallamt, das Consistorium, die Stadtgerichte, Aemter u. das Stiftsgericht zu Kappel.

Staatsverwaltung in Schaumburg-Lippe. Die oberste Staatsbehörde ist die fürstl. Landesregierung zu Bückeburg, neben welcher die Domänen- u. Rentkammer u. das Consistorium bestehen. Der Landesregierung sind untergeordnet: die Polizeidirection zu Bückeburg u. als untere Administrativ-Behörden die städtischen Magistrate u. 3 fürstl. Aemter. Als Gerichtsbehörden sind bestellt: das Ober-Appellationsgericht (der erste Senat des Obergerichts in Wolfenbüttel), der Justizsenat der Regierung u. die Justizkanzlei zu Bückeburg, die Aemter, die Magistrate u. das Consistorium.

Staatsverwaltung in den Hansestädten. In jeder der hanseatischen Republiken ist der Senat mit der obersten Leitung der Staatsverwaltung betraut, welcher für die einzelnen Geschäftszweige besondere Aemter oder Deputationen bestellt, denen öfters auch Deputirte der

Finanzen der einzelnen Staaten.

Bürgerschaft beigegeben sind. Polizeibehörden in den eigentlichen Freistädten, der Magistrat im Städtchen Bergedorf, Aemter u. Landherren in den Landbezirken üben die niedere Administration und Polizeiverwaltung aus. Die Justiz wird in höchster Instanz vom gemeinsamen Ober-Appellationsgerichte in Lübeck, von drei Obergerichten u. von verschiedenen Untergerichten gehandhabt.

Ueber Staatsverwaltung in der großh. hess. Provinz Oberhessen siehe bei den „Süddeutschen Staaten."

Finanzen der einzelnen Staaten.

Ueber die wichtigsten Ziffern des Staatshaushalts der norddeutschen Bundesstaaten mögen folgende Angaben genügen — in Thalern preuß. Courant:

Bundesstaaten	Staats-einnahmen	Staats-ausgaben	Staatsschuld	
Preußen (Staatshaushaltsetat für 1868)...	159,757,064	159,757,064	Anf. 1868	424,905,721
Lauenburg (Etat 1867/68)......	439,506	303,480	c.	2,000,000
Sachsen (Budget 1868/9, jährlich)....	13,371,057	13,371,057	Ende 1866	64,194,392
Mecklenburg-Schwerin (Einn. u. Ausg. berechnet in Hirth's Parlam. Almanach, 1867)....	5,862,000	4,850,000	Joh. 1866	7,777,400
Mecklenburg-Strelitz............	?	?	1861	1,655,000
Oldenburg (Voranschlag für 1868)...	2,348,490	2,419,797	Ende 1866	6,090,300
S.-Weimar-Eisenach (Etat 1866—68, jährlich)	1,730,131	1,700,088	c.	4,000,000
S.-Meiningen (Etat 1866—68, jährlich).	1,132,315	1,098,895	Ende 1866	2,000,991
S.-Koburg-Gotha (Etat 1865—69, jährlich)	1,645,516	1,397,278	1867	1,305,019
Sachsen-Altenburg (Etat 1865—67, jährlich)	878,904	875,888	*	895,366*
Braunschweig (Finanzetat 1867—69, im Jahresdurchschnitt)...........	2,584,933	2,584,933	*	14,913,796
Anhalt (Finanzetat 1868)........	3,698,538	3,698,538	*	3,183,229
Schwarzburg-Rudolstadt (Etat 1867—69, im Jahresdurchschnitte)........	472,027	481,988	1862	816,300
Schwarzburg-Sondershausen (Finanzetat 1869—1871, jährlich)........	600,070	593,795	31. Juli 1867	1,477,929
Reuß ält. Linie (Landesklasse-Rechn. 1859)..	201,243	152,404	Anf. 1860	225,357
Reuß jüng. Linie (Etat 1866—68, jährlich)	295,343	288,840	Ende 1866	692,050
Waldeck-Pyrmont (Etat 1868)......	514,255	505,252	Ende 1867	1,576,450
Lippe (Etat 1867, incl. 220,000 Thlr. Ertrag des Kammerguts)........	444,905	429,146	Ende 1866	347,755
Schaumburg-Lippe, ungefähr......	228,000	228,000	*	2,680,000
Hamburg (Budget 1868).........	5,429,800	5,429,800	Ende 1865	27,899,608
Lübeck (Finanzetat 1867)........	687,877	687,877	1867	8,246,300
Bremen (Voranschlag 1867).......	2,244,332	2,244,332	1866	13,469,390

II. Süddeutsche Staaten.

Flächeninhalt und Bevölkerung.

Zu den süddeutschen Staaten gehören gegenwärtig die Königreiche Bayern u. Württemberg, die Großherzogthümer Baden u. Hessen, von welch' letzterem aber die nördlich vom Main belegenen Landestheile (die Provinz Oberhessen u. die rheinhessischen Orte Kastel u. Kostheim) Glieder des Norddeutschen Bundes sind, und das Fürstenthum Liechtenstein. Mit Ausnahme des letztern sind die übrigen süddeutschen Staaten (abgesehen von den eben genannten norddeutschen Bundestheilen) mit dem Norddeutschen Bunde durch den Zollverein u. durch Schutz- u. Trutzbündnisse, Hessen auch noch durch gemeinsame Militäreinrichtungen verbunden. Mit Berücksichtigung der durch die jüngsten Friedensverträge mit Preußen eingetretenen Territorial-Veränderungen [1] betragen Flächen-

---

*) Den Passiven von 895,366 Thlr. standen Ende 1866 Activa im Betrage von 1,274,242 Thlr. gegenüber.
1) Bayern trat im Frieden vom 22. Aug. 1866 den Verwaltungsdistrict Gersfeld u. den Landgerichtsbezirk Orb (doch ohne die Gemeinde Aura u. den Weiler Deutelbach), sowie die Enclave Kaulsdorf an Preußen ab. Das Großherzogthum Hessen verlor durch den Friedensvertrag v. 3. Sept. 1866 die Kreise Biedenkopf u. Vöhl, sowie einige Gemeinden u. Gemarkungen der Kreise Gießen u. Büdel, erwarb aber hiefür von Preußen einige Gebietstheile, von denen, zufolge der Verordn. v. 23. Nov. 1866, die vormals kurhess. Districte Katzenberg u. Nauheim.

Süddeutsche Staaten 1868.

Inhalt u. Bevölkerung in diesen Staaten folgende Ziffern (nach den diesfallsigen Zusammenstellungen der statistischen Bureaux, — der Flächeninhalt Bayern's nach offizieller Angabe im Gothaischen Hofkalender für 1868, die Bevölkerung Liechtenstein's nach directer offizieller Mittheilung):

Staaten	Geogr. Qu.-Meilen	Bevölkerung (Zählung v. 3. Dec. 1864.)				Bevölkerung (Zählg. v. 3. Dec. 1867.)
		Männliche	Weibliche	Zusammen	Gew. auf 1 Q.-M.	
1. Königreich Bayern.						
Kreis Oberbayern	311,52	421,557	390,928	818,485	2627	827,669
" Niederbayern	196,24	288,227	295,732	583,959	2975	594,511
" Oberpfalz u. Regensburg	176,14	238,099	252,193	490,292	2784	491,295
" Oberfranken	127,56	256,794	270,347	527,141	4133	535,060
" Mittelfranken	137,72	274,548	288,278	562,826	4087	579,688
" Unterfranken u. Aschaffenburg	152,51	288,311	297,089	585,400	3838	584,972
" Schwaben u. Neuburg	171,64	286,493	294,762	581,255	3386	585,160
" Pfalz	108,22	311,307	313,850	625,157	5777	626,066
Summe für Bayern	1381,55	2,365,336	2,409,179	4,774,515	3456	4,824,421
2. Königreich Württemberg.						
Neckar-Kreis	60,43	249,393	262,714	512,107	8474	523,994
Schwarzwald-Kreis	86,71	206,484	228,561	435,045	5017	444,967
Jagst-Kreis	93,39	184,215	196,651	380,866	4078	382,238
Donau-Kreis	113,76	204,148	216,162	420,310	3694	427,280
Summe für Württemberg[1]	354,29	844,240	904,088	1,748,328	4935	1,778,479
3. Grossherzogthum Baden.						
Kreis Konstanz	37,30	63,302	64,280	127,582	3420	126,916
" Villingen	19,44	31,604	33,988	65,592	3375	65,923
" Waldshut	22,56	40,005	42,156	82,161	3641	81,021
" Freiburg	39,84	93,809	100,820	194,629	4885	193,971
" Lörrach	17,50	45,043	45,480	90,523	5172	90,986
" Offenburg	29,04	71,870	76,179	148,049	5099	148,093
" Baden	19,05	58,477	61,793	120,270	6313	123,915
" Karlsruhe	27,83	110,934	112,819	223,753	8038	226,028
" Mannheim	8,37	44,169	45,101	89,270	10665	94,185
" Heidelberg	17,65	62,090	65,852	127,942	7251	129,631
" Mosbach	39,48	79,250	79,069	158,319	4010	154,301
Summe für Baden	278,06	700,553	727,537	1,428,090	5135	1,434,970
4. Grossherzogthum Hessen.						
Provinz Starkenburg	54,86	161,666	167,144	328,510	5993	337,013
" Oberhessen	59,73	124,675	127,776	252,451	4220	251,776
" Rheinhessen	25,01	116,046	119,619	235,665	9423	234,855
Summe für Hessen	139,60	402,387	414,539	816,926	5848	823,644
5. Fürstenth. Liechtenstein	2,90	4228	4139	8367	2884	8,367
Hauptsumme f. Süddeutschl.	2156,40	4,316,744	4,459,482	8,776,226	4070	8,869,881
Ohne die norddeutschen Bundestheile	2096,40	4,168,976	4,328,569	8,517,545	4062	8,611,982

Im Durchschnitte einer langen Reihe von Jahren (1816—1867) beträgt die jährliche Zunahme der Bevölkerung in Baden 0,84, in Hessen 0,80, in Bayern 0,71 u. in Württemberg 0,54 Procent.

Bewegung der Bevölkerung.

Mit Ausnahme der Trauungen Württemberg's, deren Aufnahme seit dem Jahre 1857 nicht mehr erfolgt ist, liegen uns aus Bayern, Württemberg, Baden u. Hessen höchst werthvolle offizielle Daten über die Bewegung der Bevölkerung vor, welche wir für die neuesten Jahre directen gütigen Mittheilungen der betreffenden statistischen Bureaux verdanken. Die Haupt-Ergebnisse sind:

---

das vormals nassauische Amt Reichelsheim, die vormals kurhess. Orte Trais a. d. L., Massenheim u. Mittel-Gründau, die vormals frankfurt. Orte Dortelweil u. Nieder-Erlenbach u. b. vorm. nassau. Ort Haarheim der Provinz Oberhessen zugetheilt wurden, der vormals kurhess. Gebietstheil mit dem Orte Rumpenheim dagegen der Provinz Starkenburg einverleibt ward.

[1] Die Bevölkerungsziffern beziehen sich auf die ortsanwesende Bevölkerung; die ortsangehörige Bevölkerung ist grösser u. betrug am 3. Dec. 1864 1,862,744 u. am 3. Dec. 1865 1,872,032 Seelen.

Bewegung der Bevölkerung. — Wohnplätze.

Staaten	Jahr	Trau- ungen	Geburten						Sterbefälle (ohne Todtgeborne)		
			männl.	weibl.	zusamm.	lebend	todt	ehelich	unehel.	männl.	weibl.	zusamm.
Bayern . . .	1862	39961	91611	85701	177312	171452	5860	135844	41428	69068	66196	135264
	1863	40161	94823	89130	183953	177971	5982	140865	43098	72685	68761	141446
	1864	41270	94360	89080	183440	177685	5755	142164	41276	76053	71620	147673
	1865	40400	95644	90043	185687	179690	5997	145265	40422	75305	70066	145371
Württemberg .	1862	—	35383	33227	68590	—	—	57512	11078	27433	26837	54270
	1863	—	36815	35256	72071	—	—	60204	11867	29427	28484	57911
	1864	—	38256	36154	74410	—	—	62174	12236	28262	27296	55558
	1865	—	38059	36737	74796	—	—	62976	11820	31163	29896	61059
Baden. . . .	1862	10571	25461	23855	49316	47506	1810	41284	8032	17225	16872	34097
	1863	13098	27212	25308	52520	50726	1794	44091	8429	18394	17660	36054
	1864	13116	28456	26530	54986	53135	1851	46461	8525	18739	18309	37048
	1865	?	28692	26875	55567	53665	1902	47132	8435	21276	20152	41428
Hessen. . .	1862	6388	14597	13732	28329	27027	1302	23440	4889	9596	9521	19117
	1863	6893	15578	14825	30403	29064	1339	25060	5343	10110	10118	20228
	1864	7143	16119	15336	31455	30051	1404	26002	5453	10749	10717	21466
	1865	7453	16216	15225	31441	30083	1358	26164	5277	10657	10527	21184

Bei den angeführten Sterbefällen sind die Todtgeborenen nicht einbegriffen, mit Ausnahme Württemberg's, wo bei den alljährlichen Aufnahmen die Todtgeborenen in die Zahl der Geborenen u. Gestorbenen eingerechnet, aber nicht besonders ausgeschieden werden. Uebrigens soll nach den neuesten Erhebungen des kön. Medicinal-Collegium's das Verhältniß der Todtgeborenen zu den Geborenen in Württemberg im Jahre 1865 4 Proc. betragen haben. — Für Bayern u. Hessen beziehen sich die vorstehenden Angaben auf den Gebietsbestand vor dem Jahre 1866 (also incl. der in diesem Jahre an Preußen abgetretenen Gebietstheile). — Vergleicht man die Durchschnitts- ziffern der obgenannten Jahre mit der Bevölkerung des Jahrs 1864, so ergeben sich folgende Verhältnißzahlen:

	in Bayern	in Württemberg	in Baden	in Hessen
1 Trauung auf Bewohner	118,8	—	116,4	122,4
1 Geburt auf Bewohner	26,3	24,1	26,9	28,0
Auf 100 Geburten kommen uneheliche	22,7	16,2	15,7	17,2
1 Sterbefall auf Bewohner	33,9	30,5	39,4	41,6

Wohnplätze.

Die zuletzt veröffentlichten Erhebungen über die Wohnplätze beziehen sich in Baden u. Hessen auf den 3. Dec. 1864, in Württemberg rücksichtlich der Ortschaften auf das J. 1866, rücksichtlich der Gemeinden auf den 1. Jan. 1865. Für Bayern liegen allgemeine Aufnahmen über die Zahl der Gemeinden aus dem Jahre 1863, über die Zahl der Gebäude aber blos aus dem Jahre 1852 vor. Wir geben in Folgendem die Resultate dieser Aufnahmen, wobei wir jedoch für Bayern die neuesten Veränderungen in Bezug auf die Erhebung einzelner Orte zu Städten berücksichtigen und die Zahl der Wohngebäude durch eine ungefähre Schätzung substituiren.

Staaten	Städte	1 Stadt auf □.-M.	Markt- flecken	1 Mktfl. auf □.-M.	Landge- meinden	1 Landgem. auf □.-M.	Wohnhäuser	Wohnh. a.1□.-M.
Bayern	233	5,9	406	3,4	6699	0,20	700,000	507
Württemberg . .	138	2,6	—	—	1772	0,20	270,578	764
Baden	114	2,4	—	—	1510	0,18	209,231	753
Hessen	62	2,2	—	—	937	0,15	119,679	857
Liechtenstein . .	—	—	—	—	11	0,26	?	—
Summe . .	547	3,9	406	5,3	10,929	0,20	1,299,488	603
Ohne die hessisch. nordd. deutsch. Bundestheile	533	3,9	406	5,1	10,505	0,20	1,256,440	600

Ueber die Bevölkerung der größeren Ortschaften geben wir in Folgendem die Ziffern für die Bevölkerung der Städte mit mindestens 10,000 Einwohnern, nach der Zählung vom 3. Dec. 1864, wobei die Haupt- u. Residenzstädte mit einem Sternchen versehen sind:

*München (Bayern) . 167,054
Nürnberg (Bayern) . 70,492
*Stuttgart (Württemb.) 69,084
Augsburg (Bayern) . 49,332
Mainz (Hessen) . . 42,704
Würzburg (Bayern) . 41,082
Mannheim (Baden) . 30,555

*Karlsruhe (Baden) . 30,367
Regensburg (Bayern) . 29,893
*Darmstadt (Hessen) . 29,225
Bamberg (Bayern) . 25,240
Ulm (Württemberg) . 23,077
Fürth (Bayern) . . 21,054
Ingolstadt (Bayern) . 19,418

Offenbach (Hessen) . . 19,377
Bayreuth (Bayern) . . 19,208
Freiburg (Baden) . . . 19,167
Heidelberg (Baden) . . 17,666
Heilbronn (Württemb.) 16,439
Pforzheim (Baden) . . 16,320
Eßlingen (Württemb.) . 15,586

Süddeutsche Staaten 1868.

Speyer (Bayern) . . 13,699   Ansbach (Bayern) . . 12,973   Ludwigsburg (Württ.) . 11,620
Kaiserslautern (Bayern) 13,502   Landshut (Bayern) . . 12,873   Erlangen (Bayern) . . 11,202
Passau (Bayern) . . . 13,433   Landau (Bayern) . . 12,305   Straubing (Bayern) . . 11,054
Reutlingen (Württemb.) 13,420   Amberg (Bayern) . . 12,039   Kempten (Bayern) . . 10,892
Hof (Bayern) . . . 13,146   Worms (Hessen) . . . 11,988   Aschaffenburg (Bayern) 10,676

Nationalität und Religionsbekenntnisse.

Mit Ausnahme von etwa 3500 Franzosen u. Wallonen in der Pfalz, einer unbedeutenden Zahl von Griechen rc., sind die Bewohner Süddeutschlands durchaus Deutsche. Die Religionsbekenntnisse wurden bei der Volkszählung vom 3. Dec. 1864 in Württemberg, Baden u. Hessen berücksichtigt, in Liechtenstein bei der letzten Aufnahme v. J. 1867; in Bayern bezieht sich die zuletzt veröffentlichte Erhebung der Confessionen der Bewohner auf das Jahr 1852 u. die für dieses Königreich folgenden Zahlen beruhen daher auf einer annähernden Schätzung.

Staaten	Römische Katholiken	Protestanten	Andere Christen	Juden	Unbekannt. Religion	Zusammen
Bayern . . (Ende 1864) . .	3,393,515	1,315,000	6000	60,000	—	4,774,515
Württemberg (" ") . .	533,694	1,200,363	2661	11,610	—	1,748,328
Baden . . { " " } . .	929,860	470,443	2531	25,234	22	1,428,090
Hessen . . { " " } . .	228,084	558,595	4192	26,055	—	816,926
Liechtenstein (1867)	8,346	21	—	—	—	8,367
Summe	5,093,499	3,544,422	15,384	122,899	22	8,776,226
Ohne d. hessische nordd. Bundes-Gebiet	5,070,080	3,316,833	15,089	115,521	22	8,517,545

Es entfallen somit in ganz Süddeutschland auf die Katholiken 58,0, auf die Protestanten 40,4, auf die sonstigen Christen (Mennoniten, Deutschkatholiken, Baptisten, wenige Griechen rc.) 0,2 und auf die Juden 1,4 Procent der gesammten Bevölkerung. In Bayern gehören von der Bevölkerung 71,1 Proc. der katholischen, 27,5 Proc. der protestantischen (fast durchaus der lutherischen) Kirche an, 1,4 Proc. sind sonstige Glaubensverwandte. In Württemberg kommen 68,7 Proc. auf die Evangelischen (Unirten), 30,5 Proc. auf die Katholiken u. 0,8 Proc. auf die Angehörigen anderer Culte. In Baden sind 65,1 Proc. der Bewohner katholisch, 32,9 Proc. evangelisch (unirt) u. 2,0 Proc. sectirisch, griechisch u. jüdisch. In Hessen nehmen die evangelischen Confessionen 68,4 Proc. der Bewohner in Anspruch (meist Lutheraner, dann Unirte, wenig Reformirte); auf die Katholiken kommen 27,9, auf die Bekenner anderer Religionen 3,7 Procent. Die Bewohner Liechtenstein's endlich gehören fast durchaus dem katholischen Glauben an.

Land- und Forstwirthschaft.

Die Bodencultur ist für den Nationalreichthum der süddeutschen Staaten von der größten Bedeutung und nur in Württemberg ist die gewerbliche Industrie eine ebenso wichtige Nahrungsquelle, wie die Landwirthschaft. Wir geben im Folgenden die Vertheilung des Bodens nach den verschiedenen Culturarten. Die Daten beruhen für Bayern auf den amtlichen Aufnahmen des Jahrs 1863; für Württemberg rücksichtlich der Aecker u. Weingärten auf den Aufnahmen vom J. 1865, hinsichtlich der Waldungen auf den Aufnahmen vom J. 1861, rücksichtlich der übrigen Bodenarten auf einer approximativen Schätzung auf Grund der Landesvermessung; für Baden, in dessen unproductivem Areal die Bodenseefläche inbegriffen ist, auf amtlichen, aus Anlaß der Pariser Ausstellung 1867 angefertigten Zusammenstellungen; für Hessen endlich auf approximativer Schätzung.

Culturen	Bayern		Württemberg		Baden		Hessen		Zusammen	
	Geogr. Q.-M.	% am Ges.-Areal	Geogr. Q.-M.	% am Ges.-Areal	Geogr. Q.-M.	% am Ges.-Areal	Geogr. Q.-M.	% am Ges.-Areal	Geogr. Q.-M.	% am Ges.-Areal
Acker- u. Gartenland	579	41,9	164	46,3	102	36,5	68	48,7	913	42,4
Weingärten	4	0,3	5	1,4	4	1,4	1½	1,1	14½	0,7
Wiesen u. Weiden	273	19,8	60	17,0	48	17,3	18	13,0	399	18,5
Waldungen . .	443	32,0	108	30,5	91	32,9	46	32,7	688	32,0
Productive Fläche	1299	94,0	337	95,2	245	88,1	133½	95,5	2014½	93,6
Unproductive "	83	6,0	17	4,8	33	11,9	6½	4,5	139½	6,4
Summe . .	1382	100,0	354	100,0	278	100,0	140	100,0	2154	100,0

Der Ackerbau wird in Süddeutschland allerorts mit Umsicht u. großem Verständniß getrieben und steht insbesondere in Württemberg auf einer hohen Stufe, welches Land überhaupt in manchen landwirthschaftlichen Beziehungen den Nachbarstaaten vorausleuchtet. Abgesehen von Liechtenstein

Land- und Forstwirthschaft.

haben die süddeutschen Staaten eine bedeutende Ausfuhr an Getreide; Bayern exportirt viel von seinem weltberühmten Hopfen und von Pfälzer Tabak, Baden exportirt Tabak, Raps u. Hanfsaat. Der Gemüsebau wird in ausgedehntem Maße in der Umgegend von Bamberg, Nürnberg u. Ulm, sowie im Rheinthale betrieben, die Obstcultur in Württemberg, Baden u. Hessen, welche Länder zu den obstreichsten Europa's gehören u. in dieser Hinsicht Namhaftes exportiren, der Weinbau in großem Umfange und mit bedeutender Ausfuhr in Baden, Rheinhessen und Württemberg, in der Rheinpfalz u. in Unterfranken. Der Futterbau auf dem Felde findet eine immer größere Verbreitung, doch nehmen die Wiesen in der Landwirthschaft Süddeutschlands einen wichtigen Rang ein. Die süddeutschen Staaten besitzen einen großen Reichthum an Forsten, auf deren Cultur musterhafte Sorgfalt verwendet wird; Holz spielt in der Ausfuhr eine wichtige Rolle. — Ueber die Productionsmengen geben wir folgende, auf den amtlichen Nachweisungen beruhende Daten, von welchen jene für Hessen sich nicht auf die an Preußen abgetretenen Gemarkungen erstrecken, aber auch die neuerworbenen Landestheile noch nicht in sich begreifen.

Erzeugnisse		Bayern (1863)	Württemberg (1865)	Baden (1865)	Hessen (1866)
Weizen	preuß. Scheffel	7,735,000	407,000		1,062,000
Roggen	" "	15,690,000	1,226,000		1,719,000
Dinkel	" "	8,460,000	13,727,000		622,000
Gerste	" "	11,160,000	4,228,000	8,300,000 Zollctr. (ohne Stroh)	1,949,000
Hafer	" "	16,506,000	6,338,000		1,513,000
Mengkorn	" "	—	1,564,000		136,000
Mais	" "	31,200	77,800		6,800
Buchweizen u. Hirse	" "	122,200	10,700		36,900
Summe v. Getreide	" "	59,704,400	27,578,500	8,300,000	7,044,700
Kartoffeln in preuß. Scheffeln		43,630,000	17,030,000	c.16,000,000[1]	12,090,000
Flachs u. Hanf	Zollctr.	527,000	51,270	c. 100,000	37,768
Tabak (1866)	"	135,659	6,760	243,740	36,402
Hopfen	"	136,860	39,742	17,000	387
Wein, preuß. Eimer		891,000	304,000[2]	590,000	563,000
Holz, " Klafter		2,840,000	c. 1,000,000	c. 1,000,000	c. 400,000

Von den verschiedenen Zweigen der Viehzucht ist in Süddeutschland die Rindviehzucht der wichtigste. Diese ist in Württemberg in einen Blütezustand gekommen, daß sie sich sogar mit jener in der Schweiz messen kann. In Bayern sind hierin die Alpengegenden ausgezeichnet, welche an Vieh u. thierischen Producten, namentlich an Käsen, eine belangreiche Ausfuhr nachweisen. In Baden ist diese Thierzucht ebenfalls blühend, desgleichen in Hessen. Hinsichtlich der Pferdezucht sind Württemberg u. Niederbayern berühmt. Rücksichtlich der Schafzucht steht gleichfalls Württemberg obenan; in Bayern ist sie besonders in den fränkischen Kreisen vertreten. Die Schweinezucht ist in Baden am stärksten, die Ziegenzucht in Liechtenstein u. Hessen. Die Bienenzucht deckt nicht den Bedarf an Honig u. Wachs, wogegen die Fischerei, bei dem Reichthume der Flüsse u. Seen an Fischen, theilweise einen nicht unerheblichen Erwerbszweig ausmacht. Der Bestand an Hausthieren beläuft sich nach den neuesten Zählungen auf folgende Ziffern:

Staaten	Pferde		Rindvieh		Schafe		Ziegen		Schweine	
	im Ganzen	auf 1 QM.	im Ganzen	auf 1 QM.	im Ganzen	auf 1 QM.	im Ganzen	auf 1 QM.	im Ganzen	auf 1 QM.
Bayern (April 1863)	380108	275	3195882	2306	2058638	1490	150855	109	926522	670
Württemb.(2.Jan.1865)	104527	295	974917	2752	703656	1986	35262	99	263504	744
Baden (3. Dec. 1861)	73552	264	621496	2235	177332	638	67646	243	307206	1105
Hessen (3. Dec. 1866)	42370	308	258886	1880	168157	1221	63934	464	162444	1180
Liechtenstein (1861)	454	157	4867	1660	1614	557	1737	599	915	315
Summe	601011	279	5046048	2342	3109397	1443	319434	148	1660593	770

Hiebei kommt zu bemerken, daß in den Bayern betreffenden Zahlen die Thiere in den 1866 an Preußen abgetretenen Gebietstheilen inbegriffen und in den auf Hessen bezugnehmenden die Bestände aus dem abgetretenen u. dem neu erworbenen Territorium nicht enthalten sind. — Die Zahl der Maulthiere u. Esel ist überall unbedeutend; im Großh. Hessen ist sie am größten, 631, so daß dort auf 1 QM. 4—5 dieser Thiere entfallen.

Für den Bodencredit bestehen folgende Anstalten: in Bayern die Hypotheken- u. Wechselbank in München, die pfälz. Hypothekenbank in Speyer, die Creditvereine in den Kreisen u. die Kreisaushilfskassen; in Württemberg die württemberg. Hypothekenbank zu Stuttgart (concess. Nov. 1867, mit einem Actiencapitale von 5 Mill. fl. südd. Währ.), die allgemeine Rentenanstalt (soferne sie Anlehen gegen hypothekarische Sicherheit gewährt), der Credit- u. der Capitalisten-Verein in Stuttgart, die Zielerkassen u. die Bauernbanken.

1) Zollctr. — 2) Im Jahresdurchschnitte 1847—1865 beträgt die württbg. Weinproduction 589,200 preuß. Eimer.

Süddeutsche Staaten 1868.

Bergbau, Hüttenwesen, Salinen.

Die Bergwerke, Hütten u. Salinen Süddeutschland's ergeben gegenwärtig einen jährlichen Productionswerth von etwa 20 Mill. fl. südd. Währ. Von Bedeutung ist jedoch nur die Eisengewinnung und der Salinenbetrieb, in Bayern auch der Kohlenbergbau. Bayern gewinnt etwas Waschgold (1865 $^{85}/_{100}$ Münzpfund) und etwas Silber (1864 289, 1865 253 Münzpfd.), das übrigens auch in Baden (1864 393 Münzpfd.) dargestellt wird. Hessen erzeugt etwas Kupfer. Blei wird in Bayern gewonnen (1864 2563, 1865 1698 Zollctr.), Bleiglätte in Baden (1864 732 Zollctr.), Eisenvitriol in Bayern u. Württemberg (1865 bort 6304, hier 510 Zollctr.), Kupfervitriol in Württemberg (1865 60 Zollctr.), gemischter Bitriol u. Graphit in Bayern (1865 bezieh. 900 u. 15,700 Zollctr.), Alaun in Bayern u. Württemberg (1865 bezieh. 43 u. 75 Zollctr.). Abgesehen von den an Preußen abgetretenen Gebietstheilen, von denen die hessischen etwa 100,000 Zollctr. Roheisen und die bayerischen (Saline Orb) ungefähr 50,000 Zollctr. Salz liefern, betrugen (nach den diesfallsigen amtlichen Zusammenstellungen) die Productionsmengen an Roheisen, Kohlen u. Salz folgende Ziffern:

Erzeugnisse		Bayern		Württemberg		Baden	Hessen	Zusamm.
		1864	1865	1864	1865	1864	1864	1864
Roheisen	Zollctr.	724,072	806,477	191,803	199,902	90,286	117,787	1,123,948
Stein- u. Braunkohlen	=	6,068,619	7,054,328	—	—	246,772	691,622	7,007,013
Steinsalz, ...	=	36,394	49,235	480,979	471,542	—	—	517,373
Kochsalz, ...	=	904,682	950,000	393,493	404,257	405,293	318,265[1]	2,021,733
Viehsalz, ...	=	35,920	40,000	11,596	10,140	19,804	9,885[1]	77,205
Düngegyps, ...	=	24,501	20,729	81,805	88,352	5,658	170	112,134

Gewerbliche Industrie.

Mit Ausnahme Liechtenstein's, wo die gewerbliche Thätigkeit der Bewohner geringfügig ist, befindet sich die Industrie in Süddeutschland auf einem hohen Standpunkte, obschon sie nur in Württemberg für die Bevölkerung eine ebenso wichtige Nahrungsquelle, wie die Landwirthschaft bildet, während sie in den übrigen Staaten erst nach der Urproduction den Haupterwerbszweig für die Bewohner abgiebt. Nach den Zollvereins-Tabellen für das Jahr 1861 standen bei der süddeutschen Industrie (incl. der zum norddeutschen Bunde gehörigen Gebietstheile) Dampfmaschinen in Thätigkeit:

	beim Bergbau-, Hütten- u. Salinenbetrieb		bei Mühlen		bei Fabriken	
	Maschinen	Pferdekraft	Maschinen	Pferdekraft	Maschinen	Pferdekraft
Bayern	44	1715	86	728	326	6640
Württemberg	9	523	17	161	232	2597
Baden	20	314	38	201	168	2439
Hessen[2])	24	233	54	428	135	1182
Summe . .	97	2785	195	1518	861	12,858

Die Gewerbeverfassung beruht in allen süddeutschen Staaten auf dem Principe der Gewerbefreiheit (in Bayern durch das Gesetz vom 30. Januar 1868 eingeführt). — Zur Wahrung und Förderung der Interessen des Gewerbe- u. Handelsstandes sind Handels- u. Gewerbekammern errichtet, deren es gegenwärtig in Bayern 8 (aus den Gewerbe-, Fabrik- u. Handelsräthen hervorgehend), in Württemberg 8 u. in Hessen 5 giebt.

Industrie in Maschinen, Transportmitteln u. Instrumenten. Der Maschinenbau hat in den süddeutschen Staaten einen großen Aufschwung genommen, namentlich in Oberzell bei Würzburg, in Augsburg, München u. Zweibrücken (Bayern), in Eßlingen u. Heilbronn (Württemberg), in Karlsruhe (Baden), in Mainz u. Offenbach (Hessen) ꝛc. In München, Stuttgart, Karlsruhe u. Mainz bestehen auch größere Fabriken für den Wagenbau. Es wurden Ende 1861 gezählt:

	Fabriken für Maschinen	deren Arbeiterzahl	Wagenfabriken	deren Arbeiterzahl
Bayern	42	3096	15	1758
Württemberg . . .	52	2363	8	409
Baden	27	1173	3	285
Hessen	26	893	3	234
Summe . .	147	7525	29	2686
Dar. in Oberhessen (norbb.)	6	99	—	—

1) Einschließlich der Production aus der neu erworbenen Saline Nauheim.
2) Die gewerbestatistischen Daten für Hessen beziehen sich, wenn nicht ausdrücklich das Gegentheil angegeben ist, auf das Territorium vor dem Friedensvertrage mit Preußen.

Gewerbliche Industrie.

Die Schiffswerften Süddeutschland's erfreuen sich eines lebhaften Betriebs, trotzdem daß die Concurrenz der Eisenbahnen das Schiffergewerbe in einer bedenklichen Lage erhält. — Für die Anfertigung wissenschaftlicher Instrumente ist München ein Hauptplatz auf dem Continente u. sind insbesondere die dasigen optischen Instrumente weltberühmt. Dieselbe Stadt u. Stuttgart sind die Hauptplätze für die Erzeugung von Klavieren, Streich- u. Blasinstrumenten; doch werden Streichinstrumente auch in Mittenwald (Oberbayern) u. in Karlsruhe von vorzüglicher Qualität u. in größeren Mengen verfertigt. Auf dem badischen Schwarzwalde hat sich seit der zweiten Hälfte des vorigen Jahrhunderts die Fabrikation von mechanischen Musikwerken (Spieluhren, Flötenwerke, Orchestrions ꝛc.) zu einem Industriezweige herangebildet, der gegenwärtig eine größere Anzahl von Werkstätten beschäftigt u. sich eines bedeutenden Absatzes im Auslande erfreut. Von viel mehr Wichtigkeit ist aber für den Schwarzwald die Uhrmacherei, welche derzeit etwa 5000 Personen (3700 in Baden, 1300 in Württemberg) beschäftigt u. ihre Erzeugnisse nach allen Weltgegenden sendet.

Industrie in Eisen und Eisenwaaren. Nach den Zollvereinstabellen bestanden Ende 1861 in Süddeutschland 231 Eisenwerke (126 in Bayern, 19 in Württemberg, 16 in Baden, 70 in Hessen, worunter 52 in Oberhessen) mit 5428 Arbeitern (worunter 757 in Oberhessen), ferner mit 97 Hochöfen, 248 Frischfeuern, 64 Puddlingsöfen, 58 Schweißöfen, 64 Kuppel- u. 40 Flammöfen; sodann 31 Eisendrahtwerke mit 370 Arbeitern, 7 Stahlwerke (3 in Bayern, 4 in Württemberg) mit 59 Arbeitern. Die Production von raffinirtem Eisen beläuft sich in Zollcentnern auf folgende Ziffern, aus welchen die Daten, welche auf die an Preußen von Bayern u. Hessen abgetretenen Gebietstheile Bezug nehmen, bereits ausgeschieden sind:

	Stab- u. gewalztes Eisen	Stahl	Gußwaaren	Eisendraht	Eisenblech
Bayern (1865)	730,000	16,143	170,000	18,340	5530
Württemberg (1865)	166,512	6,973	44,607	—	408
Baden (1864)	73,325	—	58,290	18,400	5358
Hessen (1864)	29,857	—	15,245	5,000	—
Summe	999,694	23,116	288,142	41,740	11,296

Was die Verfertigung von Eisenwaaren anbelangt, so hat diese in Württemberg in vielen Zweigen einen hohen Grad der Vollkommenheit erreicht, welcher ihr einen Absatzmarkt im Auslande errang. Hier sind besonders ausgezeichnet die Messerwaaren aus Heilbronn u. Stuttgart, die Sensen aus Neuenbürg u. Friedrichsthal, die Blechwaaren aus Eßlingen, Geißlingen, Ludwigsburg u. Göppingen, die blechernen Spielwaaren aus Biberach, Kleineisenwaaren verschiedenster Art aus der Stadt Aalen. Sonst sind in Süddeutschland namentlich folgende Artikel sehr renommirt, deren Versandt nach verschiedenen fremden Ländern geht: die Messerwaaren aus Nürnberg, Erlangen u. Regensburg, die Nadeln aller Art aus Schwabach (Mittelfranken), die Nadelfeilen aus Stahldraht aus Nürnberg, die Clavierfaiten aus Gußstahl aus Frankenhammer im Fichtelgebirge (Bayern), die Gewehre aus München, die Waaren aus emaillirtem Eisenblech aus St. Georgen im badischen Schwarzwalde, die Sensen u. Messerwaaren aus Achern (Baden), die Drahtstifte u. Schrauben aus Fallau (Baden) ꝛc. — Die fabriksmäßige Eisenwaaren-Industrie beschäftigte nach den Zollvereins-Tabellen für Ende 1861 8 Gewehrfabriken (7 in Bayern, 1 in Württemberg) mit 827 Arbeitern, 30 Nähnadelfabriken (in Bayern) mit 179 Arbeitern, 7 sonstige Nadelfabriken (4 in Bayern, 2 in Hessen, 1 in Baden) mit 85 Arbeitern, ferner:

	Eisen- u. Blechwaaren-Fabr.		Stahlwaaren-Fabr.		Eisengießereien	
	Zahl	Arbeiter	Zahl	Arbeiter	Zahl	Arbeiter
Bayern	66	614	5	21	25	790
Württemberg	42	1141	10	172	14	389
Baden	14	323	6	32	19	439
Hessen	6	24	28	297	9	260
Summe	128	2102	49	522	67	1877
dar. in Oberhessen	1	11	—	—	3	123

Industrie in sonstigen Metallen u. in Metall-Leguren. Die Verfertigung von Gold- u. Silberwaaren ist einer der wichtigsten Industriezweige in Württemberg (zu Stuttgart, Gmünd u. Heilbronn) und Baden (zu Pforzheim), daselbst sogar nach überseeischen Ländern arbeitend; sie ist aber auch in München, Augsburg, Offenbach und Mainz von Bedeutung. Schorndorf in Württemberg unterhält eine schwunghafte Fabrikation von goldenen, silbernen u. metallenen Fingerhüten, deren Absatz weit verbreitet ist. Nürnberg u. Fürth nehmen in der Fabrikation von Gold- u. Silberschlägerblättchen, von Gold- u. Silberdraht und von leonischen Drahtwaaren die erste Stelle in der Welt ein. Dieselben zwei Städte, Augsburg, Gmünd, Ulm, Pforzheim, Offenbach u. Bessungen (Hessen) sind Hauptplätze für die Messing- u. Bronze-Industrie. In Zinnwaaren thun sich Heilbronn u. Fürth hervor. — An hieher gehörigen Fabriken wurden Ende 1861 gezählt:

Süddeutsche Staaten 1868.

	Messingwerke		Gold- u.Silberw.-Manufacturen		Fabr. f. Kupfer-, Bronze-, Messingwaaren ꝛc.	
	Zahl	Arbeiter	Zahl	Arbeiter	Zahl	Arbeiter
Bayern . .	10	364	18	936	24	243
Württemberg	3	44	34	1090	13	473
Baden . .	—	—	109	4763	5	98
Hessen . .	1	21	4	25	5	385
Summe .	14	429	165	6814	47	1199

Thonwaaren-Industrie. Bei derselben waren im Jahre 1861 32,538 Arbeiter beschäftigt, von denen 20,906 auf Bayern, 5307 auf Württemberg, 3362 auf Baden u. 2963 auf Hessen entfielen. Aber nicht nur in Bezug auf die große Anzahl der Arbeiter ist diese Industrie in Bayern von großer Bedeutung, sondern auch hinsichtlich der Qualität lassen die Erzeugnisse in diesem Lande nichts zu wünschen übrig. Die Porzellanfabrikation in Nymphenburg u. Bamberg, die Schmelztiegel-Verfertigung in Oberzell u. Nürnberg genießen einen Ruf, der weit über die Grenzen des Königreichs hinausgeht. Uebrigens steht auch in hohem Ansehen in ganz Deutschland die Porzellan- u. Steingutfabrikation in Schrezheim u. Schramberg (Württemberg), in Zell am Harmersbach u. Hornberg (Baden), sowie die eigenthümliche Fabrikation von Porzellanknöpfen, Porzellanperlen ꝛc. zu Freiburg im Breisgau, deren Artikel in allen europäischen Staaten, im Oriente, in Süd- u. Nord-Amerika Absatz finden. Ende 1861 wurden in Süddeutschland gezählt 5839 Ziegeleien (wor. 209 in Oberhessen), ferner an Porzellanfabriken, sowie an Steingutfabriken (wor. 1 in Oberhessen):

	Bayern		Württemb.		Baden		Hessen		Zusammen	
	Zahl	Arb.	Zahl	Arb.	Zahl	Arb.	Zahl	Arb.	Zahl	Arb.
Porzellanfabriken	15	779	2	3	2	316	1	58	20	1156
Steingutfabr. u. Fabr. f. anb. Irdenwaaren	37	618	9	455	4	408	2	45	52	1526

Industrie in Glas u. Glaswaaren. Bei dieser Industrie waren zu Ende des Jahres 1861 12,126 Arbeiter (wor. 301 in Oberhessen) beschäftigt, wovon mehr als die Hälfte, nämlich 6892 auf Bayern entfielen. Diese Industrie hat in den Kreisen Oberpfalz, Mittelfranken und Niederbayern ihre Hauptsitze aufgeschlagen. In Württemberg ist die Hohl- u. Wasserglasfabrikation in Zuffenhausen, unweit Stuttgart, in Baden die Spiegelmanufactur auf dem Waldhofe bei Mannheim u. die Hohlglasfabrikation in Gaggenau bei Rastatt von großer Bedeutung. — Ende 1861 wurden gezählt:

	Glashütten		Glasschleifereien u. Polirwerke		Spiegelglasfabr.	
	Zahl	Arbeiter	Zahl	Arbeiter	Zahl	Arbeiter
Bayern	51	1306	269	2229	11	286
Württemberg . . .	7	443	3	5	—	—
Baden	3	127	3	344	1	64
Hessen	1	55	3	36	—	—
Summe . .	62	1931	278	2614	12	350

Industrie in sonstigen Arbeiten aus Steinen u. Erden. Hier sind hervorzuheben die Schleiferei von Topasen, Lasursteinen, Granaten, Bergkrystallen, Achaten ꝛc. im Waldkirchertale in Baden, die Gewinnung von Lithographirsteinen in Solenhofen (Bayern), deren Erzeugnisse in ganz Deutschland, Rußland u. Frankreich Eingang fanden, die Fabrikation von Schiefertafeln in Geroldsgrün in Oberfranken, die Marmorwaaren-Fabrikation in Unterstein bei Berchtesgaden, die Gewinnung feuerfester Thonerde in Klingenberg am Main (Bayern), mit Export nach allen continentalen Ländern u. nach Amerika. Man zählt in den süddeutschen Staaten (Ende 1861) 1772 Kalkbrennereien (70 in Oberhessen) und 982 Gypsmühlen, Fabriken für Wetz- u. Schleifsteine ꝛc. (4 in Oberhessen).

Industrie in chemischen Producten. Diese Industrie hat in Süddeutschland große Fortschritte gemacht. Einen ausgedehnten Betrieb, verbunden mit Export, zeigen namentlich die Fabrikation von Chemikalien in Nürnberg, Ludwigshafen, Heilbronn, Stuttgart, Mannheim, Küppurr bei Karlsruhe, Offenbach ꝛc., die Farbenfabrikation in Nürnberg, Schweinfurt, Amberg u. Kaiserslautern (Bayern), in Stuttgart (Württemberg), in Pfungstadt (Hessen), die Fabrikation von Pech u. Lackfirnissen in Mainz, von arzneilichen Alcaloiden in Darmstadt. Die Zündholzfabrikation ist in Hessen von großer Wichtigkeit, indem sie hier selbst nach überseeischen Ländern exportirt, nächstdem in Württemberg u. in der bayer. Rheinpfalz. In Bezug auf die Bleistiftfabrikation ist Nürnberg der erste Ort in der Welt. — Im Jahre 1861 bestanden in den süddeutschen Staaten 3108 Oelmühlen u. Raffinerien (worunter 324 in Oberhessen), 772 Pott- u. Waidasche-Siedereien (wor. 57 in Oberhessen), 420 Theeröfen, Pechsiedereien, Kienöl- u. Rußhütten (wor. 181 in Oberhessen), 131 Leimsiedereien (wor. 8 in Oberhessen), 68 Coaks- u. Gasbereitungsanstalten (wor. 1 in Oberhessen), ferner, abgesehen von den bezüglichen Kleingewerben:

Gewerbliche Industrie. 45

	Chemikal.- u. Farbenfabr.		Zündwaarenfabr.		Parfümeriefabr.		Licht- u. Seifenfabr.	
	Zahl	Arbeiter	Zahl	Arbeiter	Zahl	Arbeiter	Zahl	Arbeiter
Bayern . . .	83	958	56	638	14	73	23	204
Württemberg .	57	365	41	614	9	37	5	62
Baden . . .	21	559	5	121	—	—	2	21
Hessen . . .	30	461	27	914	3	12	14	191
Summe . .	191	2343	129	2287	26	122	44	478
In Oberhessen .	3	9	1	43	—	—	—	—

Industrie in Nahrungsstoffen. Diese Industrie ist in Süddeutschland sehr umfangreich; es bestanden daselbst Ende 1861 15,056 Getreidemühlen, von denen 14,832 durch Wasserkraft (dav. 710 in Oberhessen), 4 durch den Wind, 148 durch thierische Kräfte (29 in Oberhessen) u. 72 durch Dampf (2 in Oberhessen) getrieben wurden, 134 Stärke-, Kraftmehl- u. Nudelfabriken ꝛc. (dav. 4 in Oberhessen), 221 Chocolade-, Kaffeesurrogat-, Chicorien- u. Senffabriken (15 in Oberhessen) u. 62 Fabriken für eingedickte Pflanzensäfte (1 in Oberhessen). Ein eigenthümlicher, weltberühmter Industriezweig für Nürnberg ist die Verfertigung von Lebkuchen. Die Rübenzucker-Industrie ist in Württemberg von Bedeutung u. es gehören die dasigen Rübenzucker-Fabriken (in Heilbronn, Stuttgart, Böblingen, Althausen u. Züttlingen) zu den größeren Etablissements. In Baden besteht eine sehr ansehnliche Rübenzuckerfabrik in Waghäusel und eine großartige Zuckerraffinerie in Mannheim u. Bayern besitzt neben mehreren Rübenzuckerfabriken auch einige Anstalten, welche Colonialzucker bereiten. Im Betriebsjahre 1866/67 war der Zustand der Rübenzucker-Industrie folgender:

	Bayern	Württemb.	Baden	Hessen	Zusammen
Zahl der activen Fabriken	4	6	1	—	11
Menge der verarbeit. rohen Runkelrüben, Zentr.	548,030	1,636,097	1,167,645	—	3,351,772

Industrie in Getränken. Die bayerische Bierbrauerei nimmt sowol in Hinsicht auf Umfang, als in Rücksicht auf die Qualität des Erzeugnisses den ersten Platz in der Welt ein u. liefert jährlich ungefähr 10 Mill. preuß. Eimer. Die größten Brauereien sind in München, Regensburg, Nürnberg, Augsburg, Kulmbach ꝛc. Aber auch in den anderen süddeutschen Staaten ist diese Industrie ansehnlich. — Einen lebhaften Betrieb erfährt die Fabrikation von Schaumwein in Würzburg, Neustadt a. H. Hardt (Bayern), Stuttgart, Eßlingen (Württemberg), Freiburg (Baden), Mainz (Hessen) ꝛc. — Zu Ende des J. 1861 wurden gezählt:

	Bierbrauereien		Branntweinbrennereien		Schaumweinfabr.		Essigfabriken	
	Zahl	Arbeiter	Zahl	Arbeiter	Zahl	Arbeiter	Zahl	Arbeiter
Bayern . . .	5385	14984	7763	9380	7	92	373	609
Württemberg .	2026	5085	10333	11507	3	27	51	140
Baden . . .	859	2205	601	481	3	16	52	115
Hessen . . .	641	723	1665	1612	10	113	140	108
Summe . .	8911	22997	20362	22980	23	248	616	972
dav. i. Oberhessen	352	159	588	619	—	—	27	6

Industrie in Tabakfabrikaten. Diese Industrie wird in großer Ausdehnung in Baden (zu Lahr, Mannheim, Karlsruhe ꝛc.), Hessen (in Offenbach, Gießen, Mainz) u. in der bayer. Rheinpfalz betrieben und hat starke Exportgeschäfte nach den übrigen Ländern des Zollvereins, nach der Schweiz, den Niederlanden, Belgien, Amerika ꝛc. nachzuweisen. Ende 1861 wurden (incl. der 46 Tabakfabriken in Oberhessen mit 1603 Arbeitern) gezählt:

	Bayern	Württemberg	Baden	Hessen	Zusammen
Tabak- u. Cigarren-Fabriken .	197	49	172	215	633
Zahl der Arbeiter	2703	1505	3886	4153	12247

Industrie in Seide. Die Seiden-Industrie ist nur in Baden von größerem Belange, zumal in Freiburg, Säckingen u. Karlsruhe u. sie liefert daselbst für den Export Zwirn und Bänder; sonst ist sie noch zu erwähnen im württemb. Oberamte Gmünd u. in den bayer. Städten Augsburg (Zwirnerei und Weberei) und Zweibrücken (Seidenplüschfabrikation). Der Bestand an Fabriken, an Webstühlen und an Arbeitern (bei den Fabriken und Kleingewerben, sowie bei der Färberei) war Ende 1861 folgender:

	Spinnereien u. Zwirnereien	Fabrik. f. Seidenwaaren	Webstühle			Gesammtzahl der Arbeiter
			Maschinenstühle	Handstühle	Zusammen	
Bayern . .	1	4	8	568	576	720
Württemberg	4	9	9	282	291	830
Baden . .	7	13	680	1562	2242	4271
Summe .	12	26	697	2412	3109	5821

Industrie in Schafwolle. Die Schafwollverarbeitung gehört zu den ältesten und wichtigsten Zweigen der württembergischen Industrie. Die Zahl der sämmtlichen Arbeiter, welche durch diese gewerbliche Thätigkeit ernährt werden (einschl. der Wollspinner, Wollstricker, Walkmüller ꝛc., doch ohne die bei der Färberei und Druckerei Beschäftigten, für welche sich die Ziffer nicht genau feststellen läßt) beträgt in den süddeutschen Staaten nahezu 23,000 Menschen, wovon die Hälfte auf Württemberg kommt, ungefähr 8100 auf Bayern entfallen und der Rest sich so ziemlich zu gleicher Hälfte auf Baden u. Hessen vertheilt. In Württemberg ist diese Industrie in den Bezirken Reutlingen, Heidenheim, Göppingen, Nagold, Kalw, Eßlingen ꝛc. mit den gleichnamigen Städten am bedeutendsten, in Bayern in Oberfranken, besonders in Hof (doch besitzt Augsburg eine großartige Kammgarnspinnerei u. ansehnliche Tuchfabrikation), in Baden in Mannheim und Billingen, in Hessen in den Kreisen Erbach u. Gießen. Ende 1861 wurden gezählt:

Staaten	Streichgarnspinnerei		Kammgarnspinnerei		Anzahl sämmtl. Webestühle	Tuchfabriken			Fabr. für anb. woll. Zeuge		
	Anstalten	Feinspindeln	Anstalten	Feinspindeln		Zahl	Masch. Stühle	Handstühle	Zahl	Masch. Stühle	Handstühle
Bayern	43	17,310	5	30,980	3257	143	67	392	26	18	124
Württemberg	71	51,122	3	14,250	2950	74	31	527	28	67	484
Baden	16	5080	—	—	1049	10	15	87	18	264	84
Hessen	20	5460	7	16,834	351	47	1	163	2	—	23
Summe	150	78,972	15	62,064	7607	274	114	1169	74	349	715
dar. in Oberhessen	4	820	5	1,654	118	41	—	52	1	—	23

Industrie in Flachs u. Hanf. Diese Industrie beschäftigt in den süddeutschen Staaten (abgesehen von Liechtenstein u. von den bei der Färberei u. Druckerei thätigen Personen, jedoch einschl. derjenigen, welche diese Industrie als Nebenbeschäftigung betreiben) etwa 80,500 Arbeiter, von denen 37,000 auf Bayern, 23,000 auf Württemberg, 13,000 auf Baden u. 7500 auf Hessen entfallen. Sie hat einen großen Aufschwung in Württemberg genommen, wo sie theilweise für den Export arbeitet; sie ist in allen Kreisen Bayern's bemerklich, in Baden ist sie im Breisgau, im Oden- u. Schwarzwald, in Hessen ist sie in der Prov. Oberhessen am ansehnlichsten. Nach den amtlichen Zollvereins-Tabellen wurden Ende 1861 gezählt (abgesehen von der Bandweberei):

Staaten	Anstalten	Mechan. Flachs-, Hanf- u. Wergspinnereien				Anzahl sämmtlicher Webstühle		Fabr. für lein. Zeuge		
		Feinspindeln auf				Gesammtzahl	dar. als Nebenbeschäft.	Zahl	Masch. Stühle	Handstühle
		Flachsgarn	Hanfgarn	Werggarn	Zusammen					
Bayern	5	2028	396	1768	4192	30,538	7,623	30	41	134
Württemberg	3	3248	—	2648	5896	19,379	10,888	14	—	343
Baden	1	—	—	—	—	10,660	25	2	30	—
Hessen	—	—	—	—	—	6,048	1,933	22	3	15
Summe	9	5276	396	4416	10,088	66,625	20,469	68	74	492
dar. in Oberhessen	—	—	—	—	—	3,349	882	21	—	7

Industrie in Baumwolle. Die Baumwoll-Industrie beschäftigt, mit Ausschluß derjenigen Personen, welche durch die Färberei u. Druckerei ernährt werden, etwa 66,400 Arbeiter, nämlich 32,000 in Bayern, 18,000 in Württemberg, 15,000 in Baden u. 1400 in Hessen. In Bayern sind die Hauptsitze dieser Industrie die Kreise Schwaben u. Oberfranken, wo bedeutende Fabriken für Spinnerei und Weberei in Augsburg, Kempten, Kaufbeuren, Hof, Bayreuth ꝛc. bestehen, ferner die Pfalz (Kaiserslautern). In Württemberg ist diese Industrie sehr verbreitet u. überhaupt der wichtigste Zweig der gesammten gewerblichen Thätigkeit dieses Königreichs; auch in Baden nimmt sie den ersten Platz in der Fabrikation ein, nur in Hessen ist sie mehr untergeordnet. Abgesehen von der Bandweberei wurden Ende 1861 (für Württemberg's Maschinenspinnerei 1862) gezählt:

	Maschinenspinnerei		Fabrikmäßige Weberei			Handwerksmäß. Weberei, Handstühle	Gesammtzahl d. Webestühle
	Anstalten	Feinspindeln	Anst.	Maschinenst.	Handst.		
Bayern	33	536,825	43	5365	205	19,141	24,711
Württemberg	20	236,862	110	2251	3469	9,217	14,937
Baden	21	296,300	54	5190	391	6,711	12,292
Hessen	2	2,002	36	185	1016	583	1,784
Summe	76	1,071,989	243	12,991	5081	35,652	53,724
dar. in Oberhessen	1	2,000	24	9	900	468	1,377

Färberei von Garnen u. Geweben u. Stoffdruckerei. Hauptorte hiefür sind: Heidenheim in Württemberg (für Wollfärberei u. Kattundruckerei), Konstanz, Lörrach u. Säckingen in Baden (wo sich weltberühmte Druckfabriken für Baumwollzeuge befinden), Augsburg (für Kattundruckerei) u. Ingolstadt (für Färberei) in Bayern. Nach den Zollvereinstabellen für Ende 1861 waren in den 4 mehrfach genannten süddeutschen Staaten 6608 Arbeiter bei dieser Industrie beschäftigt u. an fabrikmäßigen Anstalten 226 Färbereien (wor. 14 in Oberhessen) incl. 16 für Seide, sowie 70 Druckereien (wor. 11 in Oberhessen) vorhanden.

Gewerbliche Industrie. — Handel u. Verkehr. 47

Sonstige Zweige der Webe-Industrie. Die Strumpfweberei u. Strumpfwirkerei, welche am stärksten in den württemberg. Oberämtern Balingen u. Tuttlingen u. im bayer. Kreise Mittelfranken betrieben wird, unterhielt zu Ende 1861 3220 Webestühle, nämlich 1681 in Bayern, 1266 in Württemberg, 138 in Baden u. 135 in Hessen (wor. 68 in Oberhessen). Die Spitzenklöppelei ist nur im württ. Oberamte Nürtingen, wo für den Export gearbeitet wird, von größerem Belange; in Württemberg liefern auch die Weißstickerei, die Erzeugung von Posamentierwaaren, von Sonnen- u. Regenschirmen, von Corsets, Crinolinen u. Blousen nicht unwichtige Artikel für den Handel außer Landes.

Industrie in Leder und Lederwaaren. Die Gerberei und Lederfabrikation ist in den süddeutschen Staaten ein altes Gewerbe, das sich eines sehr guten Erfolgs erfreut und verschiedene Erzeugnisse in den Handel nach Norddeutschland, Oesterreich, nach anderen europäischen u. selbst nach überseeischen Staaten liefert. Insbesondere ist Rheinhessen mit Mainz u. Worms durch ausgezeichnete Ledersorten weltberühmt. In Mainz u. in der pfälz. Stadt Pirmasens ist die Schuhmacherei ein hochwichtiger Industriezweig, dessen Erzeugnisse fast in allen Theilen der Welt Absatz finden. Hauptplätze für die Verfertigung von Sattler-, Riemer- u. Täschnerwaaren sind München, Nürnberg, Stuttgart, Karlsruhe ꝛc., für Ledergalanteriewaaren dieselben Städte u. Offenbach. Handschuhe werden aus Württemberg ausgeführt. Nach den Zollvereinstabellen für Ende 1861 waren in den süddeutschen Staaten bei der gesammten Industrie in Leder u. Lederwaaren 114,800 u. eingerechnet die Kürschnerei bei 117,000 Arbeiter beschäftigt, nämlich 56,400 in Bayern, 27,400 in Württemberg, 18,100 in Baden u. 15,100 in Hessen (worunter 3800 in Oberhessen); es bestanden in denselben Staaten 33 Fabriken von gefärbtem u. lackirtem Leder (wor. 12 im Großh. Hessen), 89 Fabriken für Lederwaaren, Portefeuilles ꝛc. (53 im Großh. Hessen).

Industrie in Papier u. Papierarbeiten. Diese Industrie hat in Süddeutschland eine große Entwickelung erlangt; es wurden zu Ende 1861 gezählt:

	Papierfabr. u. Mühlen		Papiertapeten- u. Buntpapier-Fabriken		Spielkartenfabr.		Steinpapp- u. Papiermachéwaaren-Fabr.	
	Anstalten	Arbeiter	Anstalt.	Arbeiter	Anstalt.	Arbeiter	Anstalten	Arbeiter
Bayern	151	2351	33	703	28	95	12	368
Württemberg	48	1894	5	72	7	17	3	18
Baden	31	750	8	436	1	5	—	—
Hessen	25	238	8	318	9	97	—	—
Summe	255	5233	54	1529	45	214	15	386
dar. in Oberhessen	12	140	1	1	2	2	—	—

Aus Württemberg, Baden u. einigen Theilen Bayern's werden verschiedene Papiersorten exportirt, aus Hessen Buntpapier, Tapeten u. Spielkarten, für welche Gegenstände die Erzeugung in Darmstadt, Mainz u. Offenbach von größtem Belange ist.

Industrie in sonstigen animalischen und vegetabilischen Stoffen. Die Strohwaaren-Manufactur ist besonders in den badischen u. württembergischen Schwarzwalde zu Hause, der Betrieb der Sägemühlen ebenda, in den waldreichen Gegenden Bayern's u. im hessischen Vogelsberg. Die Korbflechterei-Industrie hat eine größere Ausdehnung u. Bedeutung in Oberfranken, an verschiedenen Orten Württemberg's u. in Mainz. Die Möbelfabrikation behauptet eine der ersten Stellen unter den in Mainz betriebenen Industriezweigen u. wird außerdem in größerem Umfange (für den Export) in München, Nürnberg, Stuttgart, Mannheim, Karlsruhe u. Darmstadt betrieben. In der Fabrikation von Drechslerwaaren haben die Städte Nürnberg, Fürth, Stuttgart, Freiburg u. Worms eine Berühmtheit erlangt. Die Erzeugung von mannigfachen Schnitzwaaren aus Holz, Bein u. dgl. wird am stärksten in Bayern (im Ammergau, in Berchtesgaden, Nürnberg u. Fürth) und in Württemberg (namentlich in Geislingen u. Eßlingen) gepflegt, die Hutfabrikation in München, Stuttgart, Offenbach u. and. Städten, die Gummiwaaren-Fabrikation in Mannheim. — Ende 1861 wurden gezählt:

	Strohhut- u. Strohwaaren-Manufacturen		Fabr. f. Möbel u. Holzschnitzarbeit		Fabr. f. Spielwaaren Schachteln u. Kisten		Sägemühlen u. Fournierschneidereien	
	Anstalten	Arbeiter	Anstalten	Arbeiter	Anstalten	Arbeiter	Anstalten	Arbeiter
Bayern	36	451	28	330	28	599	4142	5387
Württemberg	8	1508	10	362	15	130	964	1882
Baden	239	1162	20	381	—	—	649	1166
Hessen	32	21	23	438	13	65	129	88
Summe	315	3142	81	1511	56	794	5884	8523
dar. in Oberhessen	24	9	5	50	1	4	63	33

Handel und Verkehr.

Aeußerer Handel. Die süddeutschen Staaten Bayern, Württemberg, Baden u. Hessen bilden mit dem Norddeutschen Bunde einen Zoll- und Handelsverein, über dessen gegenwärtige

Süddeutsche Staaten 1868.

Verfassung u. Handelsverhältnisse später die Rede sein wird. Das Fürstenthum Liechtenstein hinwieder ist dem österreich. Zoll- u. Steuergebiete beigetreten (Vertrag v. 23. Dec. 1863).

Landstraßen, Eisenbahnen, Telegraphen u. Postwesen. Bayern besaß im J. 1862 3660 geogr. Ml. Landstraßen, so daß hier 1 Ml. Landstraße auf 0,4 ☐Ml. entfiel; in Württemberg (1863) giebt es 1656 Ml., in Baden (1867) 1166 Ml. Landstraßen und es kommt in diesen beiden Staaten bereits auf 0,2 ☐Ml. 1 Ml. Landstraße, ein Verhältniß, das auch für Hessen anzunehmen sein dürfte. Der Bestand der Eisenbahnen war am 1. Jan. 1868 folgender, in geogr. Ml.:

	Staatsbahnen	Privatbahnen	Gesammtlänge d. Eisenb.	1 Ml. Eisenb. auf ☐Ml.
Bayern	189,0	156,3	345,3	4,01
Württemberg	89,5	0,9	90,4	3,92
Baden	104,4	4,7	109,1	2,55
Hessen	16,5	28,9	45,4	3,07
Liechtenstein	—	—	—	—
Summe	399,4	190,8	590,2	3,65

Zur Förderung u. Erleichterung des deutschen u. österreichischen Postverkehrs wurden die Postverträge zwischen dem Norddeutschen Bunde, Bayern, Württemberg, Baden, Oesterreich u. Luxemburg ddto. 23. Nov. 1867 abgeschlossen. Im Großherzogthume Hessen wird das Postwesen von Preußen oder eigentlich jetzt vom Norddeutschen Bunde verwaltet (Friedensvertrag v. 3. Septbr. 1866 u. Vertrag v. 19. Juli 1867); im Fürstenth. Liechtenstein befindet sich Oesterreich im Besitze der Posten. — Die Länge der Telegraphenlinien betrug zu Anfang 1867 in Bayern 414,0, in Württemberg 269,2, in Baden 202,6 geogr. Ml. Diese Staaten sind unmittelbare Glieder des deutsch-österr. Telegraphenvereins; im Großherzogthume Hessen befinden sich die Telegraphenlinien (mit Ausnahme der Bahntelegraphen) im Betriebe des Norddeutschen Bundes.

Banken und Anstalten für den Geschäfts- u. industriellen Credit. Solche Institute sind (abgesehen von vielen Handwerker- ob. Gewerbebanken, Vorschußvereinen, deren es in Württemberg allein zu Anfang des J. 1867 44 gab): die bayerische Hypotheken- u. Wechselbank in München (mit einem Actiencapitale von 20 Mill. fl. südd. Währ.), die königl. Bank zu Nürnberg; die Vereinsbank in Stuttgart (im März 1867 concessionirt, mit einem Actiencapitale von 6 Mill. fl. südd. Währ.), die kön. Hofbank in Stuttgart, die allgemeine Rentenanstalt ebenda, der württemb. Creditverein, der mit der Stuttgarter Lebensversicherungs- u. Ersparnißbank verbundene Capitalistenverein; die Bank für Süddeutschland (Act.-Cap. 20 Mill. fl. südd. Währ.) u. die Bank für Handel und Industrie (Act.-Cap. 50 Mill. fl. südd. Währ.), beide in Darmstadt.

Unterrichtsanstalten.

Volksschulen. Der Bestand der öffentlichen Volksschulen (also ohne die Privatschulen) ist nach den amtlichen Daten folgender:

	Schulen	Lehrer u. Lehrerinnen	Zahl der Schüler Knaben	Mädchen	Zusammen	Auf 1000 Einw. kommen Schüler
Bayern (Ende 1862/3)	8277	9525	296,313	304,138	600,451	128
Württemberg (1865)	2204	3626	110,973	119,784	230,757	132
Baden (1863)	1820	2652	195,570		195,570	137

Das Großherzogthum Hessen besaß im Jahre 1867 1702 Volksschulen. Die Anzahl der in diesem Staate die Volksschulen besuchenden Kinder ist nicht festzustellen, indem in der zum letzten Male zu Ende des Jahrs 1862 ermittelten Anzahl der Schüler, außer den Volksschülern, auch die Gymnasiasten, Realschüler, Schüler in Privatinstituten ic. enthalten sind. Die Gesammtzahl aller dieser Schüler betrug zu jener Zeit (abgesehen von den abgetretenen u. neu erworbenen Gebietstheilen) 132,039, nämlich 66,715 männlichen u. 65,324 weiblichen Geschlechts. — Die Verpflichtung zum Besuche der Volksschule währt in den genannten vier süddeutschen Staaten vom vollendeten 6. bis zum zurückgelegten 13. ob. 14. Lebensjahre; nach Entlassung aus der Volksschule besteht überall ein Fortbildungsunterricht in Sonn- u. Feiertags- u. Winterschulen. In Bayern betrug 1862/63 die Zahl der Feiertagsschüler 230,882; in Württemberg belief sich 1865 die Zahl der Sonntagsschüler auf 111,378, jene der Winterabendschulen auf 17,337. Zur Heranbildung der Lehrer bestehen in Bayern 10 Seminarien u. 35 Präparandenschulen, in Württemberg u. Baden je 3, in Hessen 2 Seminarien.

Gelehrten- und Realschulen. Zu diesen gehören: in Bayern 28 Gymnasien u. 62 isolirte lateinische Schulen, ferner die durch die kön. Verordn. v. 14. Mai 1864 neu organisirten 6 Realgymnasien, 8 Kreisgewerbe- u. 22 anderen Gewerbeschulen; in Württemberg 7 Gymnasien, 4 niedere evang.-theolog. Seminare, 4 Lyceen, 73 Lateinschulen, 9 Oberrealschulen u. 64 Realschulen; in Baden 7 Lyceen, 5 Gymnasien, 3 Pädagogien u. 30 höhere Bürgerschulen; in Hessen 5 Gymnasien, 1 Realgymnasium u. 9 Realschulen. — Die Anzahl der Schüler ist aus Folgendem zu ersehen:

Unterrichtsanstalten. 49

Schüler	Bayern (1862/63)	Württemberg (1865)	Baden (1865/66)	Hessen (1865/66)	Insgesammt
an den Gelehrtenschulen	8863	4474	2977	1025	17,339
an den realistischen Anstalten	3539[1]	4686	2670	1809	12,704
Summe	12402	9160	5647	2834	30,043

Universitäten. Von den süddeutschen Staaten besitzt Bayern 3, Baden 2 Universitäten, Württemberg u. Hessen je 1 Universität; doch liegt die hessische (Gießen) auf norddeutschem Bundesgebiete. Außer den gewöhnlichen 4 Facultäten, von denen die theologische in München, Würzburg und Freiburg der katholischen, in Erlangen, Heidelberg u. Gießen der evangelischen Confession angehört, in Tübingen dagegen gedoppelt, katholisch u. evangelisch, ist, besteht in München, Würzburg u. Tübingen auch eine staatswirthschaftliche, in Tübingen eine naturwissenschaftliche Facultät. — Die Zahl der Lehrenden u. Studirenden an den einzelnen Universitäten betrug im Wintersemester 1866/67 folgende Ziffern:

	München	Würzburg	Erlangen	Tübingen	Heidelberg	Freiburg	Gießen	Zusammen
Lehrende	119	56	53	77	112	48	54	519
Studirende	1170	545	421	756	742	340	349	4323

Polytechnische Schulen. An solchen bestehen: die polytechnische Schule in München (reorganisirt durch die kön. Verordn. v. 12. April 1868, mit 5 Abtheilungen: der allgemeinen Schule, der Ingenieurschule, der Hochbauschule, der mechanisch-technischen u. der chemisch-technischen Schule); die polytechnische Schule in Stuttgart (reorg. 1862, mit 2 vorbereitenden mathematischen Classen, 4 Fachschulen für die Architectur, das Ingenieurwesen, den Maschinenbau u. die chemische Technik u. 1 Classe für das Handelsfach); die polytechnische Schule in Karlsruhe (reorg. 1865, mit 7 Abtheilungen: einer mathematischen, einer Ingenieur-, einer Maschinenbau- u. mechanisch-technischen, einer Bau-, einer chemischen u. chemisch-technischen, einer Forst- u. einer landwirthschaftlichen Schule); die technische Schule in Darmstadt (reorg. 1864, mit 2 allgemeinen Classen und Fachcursen). Ueber die Zahl der Lehrenden u. Studirenden an diesen Schulen, im Studienjahre 1866/67 folgende Ziffern:

	München	Stuttgart	Karlsruhe	Darmstadt	Zusammen
Lehrende	25	51	38	16	130
Studirende	234	532	501	100	1367

Fach- und Special-Lehranstalten. Als solche sind zu nennen: 1) für Theologie u. Philosophie, die 8 Lyceen in Bayern, von welchen 5 (zu Freising, Passau, Regensburg, Bamberg, Dillingen) in eine philosophische u. eine theologische Section zerfallen), 3 dagegen (zu Aschaffenburg, Augsburg und Speyer) nur die erstere begreifen; die 9 Clerical-Seminare in Bayern, von denen aber nur jenes in Eichstädt gleichzeitig Lehranstalt ist; die kathol. Priester-Seminare in Rottenburg (Württemberg), Freiburg (Baden) u. Mainz (Hessen); die evang.-theolog. Seminare an den Universitäten und das evangel. Prediger-Seminar in Friedberg (Hessen). 2) für Hebammenkunst und Thierheilkunde, die Hebammenschulen in München, Bamberg, Würzburg u. Stuttgart; die Thierarzneischulen in München u. Stuttgart. 3) Für Gewerbe u. Handel, in Bayern die Gewerbeschulen in den öfters mit ihnen verbundenen Handelsschulen, die gewerblichen Fortbildungsschulen, die Baugewerkschule in München, die Kunstschule u. die Handelsschule in Nürnberg; in Württemberg 109 gewerbliche Fortbildungsschulen (im Schuljahre 1865/66), 7 Handelsschulen, die Webschulen in Reutlingen u. Heidenheim, die Baugewerkschule in Stuttgart; in Baden 38 Gewerbeschulen; in Hessen die Kunst-Industrieschule in Darmstadt, 54 Handwerker- u. 3 Handelsschulen; ferner in allen genannten Staaten die Zeichnungs- u. Industrie-(Arbeits-)Schulen. 4) Für Land- u. Forstwirthschaft, in Bayern die landwirthschaftliche Centralschule zu Weihenstephan, die Central-Forstlehranstalt zu Aschaffenburg, 1 Hufbeschlags-Lehranstalt, 7 Ackerbauschulen, 4 landwirthschaftl. Wintercurse u. die landwirthsch. Abtheilungen an 2 Gewerbeschulen; in Württemberg die land- u. forstwirthschaftliche Akademie in Hohenheim, 4 Ackerbauschulen, 1 Gartenbau- u. 1 Weinbauschule, 523 landwirthschaftl. Fortbildungsschulen (im J. 1865/66); in Baden 1 landwirthschaftliche Schule in Hochburg, 1 landwirthsch. Gartenbau, 1 Wiesenbau, 1 Obstbau- u. 1 Hufbeschlagsschule, 7 landwirthsch. Winterschulen; in Hessen die höhere landwirthsch. Lehranstalt zu Gießen, 1 Ackerbau- u. 2 landwirthsch. Fortbildungsschulen. 5) Für Bergbau, die Steigerschule in Amberg (Bayern). 6) Für Künste, die Akademie der bildenden Künste in München, die Kunstschulen in Stuttgart u. Karlsruhe, die Conservatorien für Musik in München und Stuttgart ꝛc. 7) Für militärische Ausbildung, das Cadettencorps, die Kriegsschule, die Artillerie- u. Genieschule u. die Kriegsakademie in München (Bayern); die Kriegsschule (bestehend aus der Cadetten- und der Porteepeefähnrichsschule) in Ludwigsburg (Württemberg).

---

[1] Einschließlich der Schüler an den mit einzelnen Gewerbeschulen vereinigten landwirthschaftlichen und Handelsabtheilungen.

Süddeutsche Staaten 1868.

Staatsverfassung.

Staatsform und Staatsoberhaupt. Sämmtliche süddeutsche Staaten besitzen die eingeschränkt-monarchische Staatsform; der Monarch übt überall die gesetzgebende Gewalt nur unter entscheidender Mitwirkung der Volksvertretung (der Ständeversammlung oder des Landtags) aus. Die Thronfolge ist in Bayern, Württemberg, Baden u. Hessen die „gemischte", d. h. Prinzessinnen können nur dann succediren, wenn der Mannsstamm des regierenden Hauses in allen Linien erloschen ist; im Fürstenthume Liechtenstein ist die Erbfolge „agnatisch", indem sie sich blos auf die männlichen Descendenten des ersten Erwerbers der Regierung beschränkt. Die Großjährigkeit des Monarchen tritt in allen süddeutschen Staaten mit dem zurückgelegten 18. Lebensjahre ein. Die Herrscher verleihen folgende Ritterorden: a) in Bayern: 8 an der Zahl, nämlich den Ritterorden vom heil. Hubert in 1 Classe, den Ritterorden vom heil. Georg in 3 Classen, den Militär-Max-Josephsorden in 3 Classen, den Verdienstorden der bayerischen Krone in 5 Classen, den Verdienstorden vom heil. Michael in 5 Classen, den Maximilians-Orden für Wissenschaft u. Kunst in 1 Classe mit 2 Abtheilungen, den Ludwigsorden mit 2 Abtheilungen, den Militär-Verdienstorden (gegr. 1866) mit 5 Classen; außerdem 2 von der Königin zu vergebende Damenorden, den heil. Elisabeth u. der heil. Theresia; — b) in Württemberg, 3 an der Zahl, nämlich den Orden der württembergischen Krone in 3 Classen, den Militär-Verdienstorden in 3 Classen u. den Friedrichsorden in 4 Classen; — c) in Baden, 3 an der Zahl, den Hausorden der Treue in 1 Classe, den militärischen Karl-Friedrich-Verdienstorden in 3 Classen, den Orden vom Zähringer Löwen in 5 Classen; — d) in Hessen, 2 an der Zahl, den Ludwigsorden in 5 Classen, den Verdienstorden Philipp des Großmüthigen in 6 Classen. — Ueber persönliche Verhältnisse der süddeutschen Monarchen folgendes:

Staat	Dynastie	gegenwärtig regieren	Hofreligion
Bayern	Wittelsbach	König Ludwig II. (geb. 1845, reg. s. 1864)	katholisch
Württemberg	Württemberg	König Karl I. (geb. 1823, reg. s. 1864)	evangelisch
Baden	Zähringen	Großherzog Friedrich (geb. 1826, reg. s. 1852)	evangelisch
Hessen	Hessen	Großherzog Ludwig III. (geb. 1806, reg. s. 1848)	lutherisch
Liechtenstein	Liechtenstein	Fürst Johann II. (geb. 1840, reg. s. 1858)	katholisch

Staatsbürgerliche Verhältnisse. Die allgemeinen constitutionellen Rechte (Grundrechte) der Staatsbürger sind in allen süddeutschen Staaten anerkannt, so namentlich: Gleichheit aller Staatsbürger vor dem Gesetze, Freiheit und Sicherheit der Person u. des Eigenthums, Unabhängigkeit der Ausübung der bürgerlichen u. politischen Rechte von dem Religionsbekenntnisse, Gewissens- u. Religionsfreiheit, Preßfreiheit, freies Versammlungs- u. Vereinsrecht rc. Hinwiederum haben aber auch alle Einwohner gleiche staatsbürgerliche Pflichten.

Volksvertretung. Der Landtag (in Württemberg, Baden u. Hessen auch Ständeversammlung genannt) tritt nur im Fürstenthum Liechtenstein in einer Kammer zusammen, während er sich in den anderen süddeutschen Staaten in zwei Kammern theilt, von welchen die zweite in Bayern u. Württemberg auch die „Kammer der Abgeordneten", die erste in Bayern die „Kammer der Reichsräthe", in Württemberg „Kammer der Standesherren" genannt wird. Mitglieder der ersten Kammer sind überall, vermöge ihrer Geburt, die Prinzen des regierenden Hauses u. die Häupter der standesherrlichen, ehemals reichsständischen fürstlichen u. gräflichen Familien, in Hessen auch der Senior der freiherrlichen Familie von Riedesel; ferner gehören in die erste Kammer in Bayern die Kronbeamten, die beiden Erzbischöfe, ein vom Könige auf Lebenszeit ernannter Bischof u. der Präsident des protestantischen Oberconsistorium's, in Baden u. Hessen der katholische Landesbischof u. ein vom Landesherrn auf Lebenszeit berufener evangelischer Prälat, in Baden 8 Abgeordnete des grundherrlichen Adels u. 2 Abgeordnete der beiden Landesuniversitäten, in Hessen der Kanzler der Landesuniversität, in Bayern, Württemberg u. Baden jene Personen, welche der Landesherr erblich ob. auf Lebenszeit zu Mitgliedern ernennt, in Hessen endlich jene Staatsbürger, welchen vom Großherzoge die lebenslängliche Mitgliedschaft verliehen wird, deren Zahl jedoch 10 (in Baden 8) nicht übersteigen darf. Die zweite Kammer besteht aus den Abgeordneten, welche aus indirecten, in Württemberg aus allgemeinen directen Wahlen in den Wahlbezirken hervorgehen. Die Anzahl dieser Abgeordneten beträgt in Bayern 148, in Württemberg 70 (7 für ebenso viele größere Städte u. 63 für die Oberamtsbezirke), in Baden 63 (22 für 14 größere Städte u. 41 für die Aemter), in Hessen 45 (10 für 8 größere Städte u. 35 für die übrigen Gemeinden). Außer diesen sind Mitglieder der zweiten Kammer in Württemberg 13 Abgeordnete des ritterschaftlichen Adels (der Rittergutsbesitzer), die 6 protestant. Generalsuperintendenten, der Landesbischof, ein Vertreter des Domcapitels, der amtsälteste katholische Decan u. der Kanzler der Landesuniversität, in Hessen 6 Abgeordnete der adeligen Grundbesitzer. Der Landtag des Fürstenthums Liechtenstein zählt 15 Mitglieder, nämlich 3 vom Fürsten auf 6 Jahre ernannte u. 12 durch Wahlmänner aus dem Volke gewählte.

Der Eintritt in die erste Kammer ist in Württemberg u. Baden von der erlangten Volljährigkeit abhängig, für die Abgeordneten des grundherrlichen Adels in dem letztgenannten Staate u. für die geborenen Mitglieder in Hessen von dem vollendeten 25., für alle übrigen Mitglieder in Hessen von dem vollendeten 30. Lebensjahre. In Bayern haben die Reichsräthe mit erlangter Großjährigkeit wol Sitz in der Kammer, aber das Stimmrecht nur dann, wenn die kön. Prinzen

Staatsverfassung. 51

das 21., die übrigen Reichsräthe das 25. Lebensjahr zurückgelegt haben. Zu erblichen Mitgliedern der ersten Kammer können vom Landesherrn nur jene adeligen Gutsbesitzer ernannt werden, welche das Staatsbürgerrecht haben und 1) in Bayern ein im Lehns- oder Fideicommißverbande stehendes Grundvermögen besitzen, auf welchem ein Grundsteuersimplum von 300 fl. s. W. lastet, 2) in Württemberg von einem mit Fideicommiß belegten Grundvermögen eine jährliche Rente von 6000 fl. s. W. beziehen u. 3) in Baden ein solches Gut innehaben, welches in der Grund- u. Gefällsteuer wenigstens zu 300,000 fl. s. W. angeschlagen ist. Um in Baden das Wahlrecht für den grundherrlichen Adel ausüben zu können, ist der Besitz eines Gutes nothwendig, das in der Grund- u. Gefällsteuer wenigstens auf 60,000 fl. südd. Währ. angeschlagen ist.

Bedingungen für die Ausübung der Stimmberechtigung, des activen u. passiven Wahlrechts hinsichtlich der zweiten Kammer u. des liechtenstein'schen Landtags sind: der Besitz des Staatsbürgerrechts; der Nachweis eines bestimmten Alters (in Liechtenstein des erreichten 24. Lebensjahrs; für die Urwähler in Bayern der erlangten Volljährigkeit, in Baden u. Hessen des vollendeten 25. Lebensjahrs; für die Wähler in Württemberg u. für die Wahlmänner in Bayern, Baden u. Hessen des vollendeten 25. Lebensjahrs; für die Abgeordneten in Bayern, Württemberg, Baden und Hessen des vollendeten 30. Lebensjahrs); die Entrichtung einer directen Steuer in Bayern und Hessen, welche in Hessen für die adeligen Grundbesitzer diejenige Grundsteuerziffer sein soll, die mindestens einem Normalsteuercapitale von 1770 fl. s. W. entspricht, während in diesem Lande für die Wahlmänner u. Abgeordneten der Städte u. übrigen Wahlbezirke die Zahlung eines mindestens einem Normalsteuercapitale von bezieh. 118 u. 550 fl. s. W. entsprechenden Betrags oder der Bezug einer jährlichen Besoldung von mindestens 1200 fl. s. W. ob. der Nachweis eines jährl. Einkommens von wenigstens 1000 fl. s. W. aus Staatspapieren vorgeschrieben ist; der Besitz des Gemeindebürgerrechts ob. eines öffentlichen Amts in Baden; der Betrieb eines Berufs auf eigene Rechnung in Liechtenstein.

Das Mandat der Abgeordneten dauert in Baden 8 (nur für die Abgeordneten der Universitäten 4) Jahre, in allen anderen Staaten 6 Jahre. Der Landtag wird in Bayern, Württemberg u. Hessen alle 3, in Baden alle 2 Jahre, in Liechtenstein jährlich zu ordentlichen Versammlungen einberufen. Die Präsidenten der ersten Kammer werden vom Landesherrn ernannt, jene der zweiten Kammer u. die Vicepräsidenten werden in Bayern von den Kammern frei gewählt, in Württemberg, Baden u. Hessen vom Landesherrn auf Vorschlag der Kammer berufen; in Liechtenstein wird der Landtagsvorsitzende u. sein Stellvertreter vom Landtage gewählt u. vom Landesfürsten bestätigt. Die Sitzungen der Landtage sind überall in der Regel öffentlich; der Diätenbezug der Abgeordneten u. die Verantwortlichkeit des Ministerium's ist in allen süddeutschen Staaten anerkannt.

Für die Zusammensetzung u. den Wirkungskreis der Volksvertretung sind maßgebend: in Bayern die Verfassungsurkunde v. 26. Mai 1818, das Gesetz v. 9. März 1828 u. das Wahlgesetz v. 4. Juni 1848; in Württemberg die Verf.-Urk. v. 25. Sept. 1819, nebst dem Verf.-Gesetze v. 26. März 1868; in Baden die Verf.-Urk. v. 22. Aug. 1818 u. die Wahlordn. v. 23. Dec. 1818; im Großh. Hessen die Verf.-Urk. v. 17. Dec. 1820 n. das Gesetz v. 6. Sept. 1856; in Liechtenstein die Verf.-Urk. v. 26. Sept. 1862.

Kreis-, Bezirks- und Gemeindeverfassung. Kreisvertretungen bestehen in Bayern (der Landrath) u. in Baden (die Kreisversammlung), Bezirksvertretungen in Bayern (der Districtsrath), in Württemberg (die Amtsversammlung) u. in Hessen (der Bezirksrath); auch können sich in Baden innerhalb des Kreisverbandes engere Verbände (Bezirksverbände) bilden, welche in einer Bezirksversammlung ihre Vertretung finden. Die bayerischen Landräthe sind aus den Abgeordneten der Districtsgemeinden, aus den Vertretern der unmittelbaren Städte, der größeren Grundbesitzer, den Pfarrer u. den Universitäten zusammengesetzt, welche alle auf 6 Jahre gewählt werden; die badische Kreisversammlung besteht aus den größten Grundbesitzern, den Mitgliedern des Kreisausschusses, den auf 3 Jahre gewählten Vertretern der größeren Städte und sonstigen auf 6 Jahre gewählten Abgeordneten. In der württembergischen Amtsversammlung erscheinen die Abgeordneten der Gemeinderäthe, im bayerischen Districtsrathe sind die Großgrundbesitzer u. die Gemeinden, im hessischen Bezirksrathe endlich die letzteren u. die Höchstbesteuerten vertreten.

In den Gemeinden sind als Vertretungen u. als beschließende u. überwachende Organe bestimmt: in Bayern der Gemeindeausschuß (in den Städten u. größeren Märkten das Collegium der Gemeindebevollmächtigten, auf 9 Jahre gewählt, in den Landgemeinden auf 3 Jahre gewählt), in der Pfalz u. in Hessen der Gemeinderath (dort alle 5 Jahre zur Hälfte erneuert, hier auf 9 Jahre gewählt), in Württemberg der Bürgerausschuß (auf 2 Jahre gewählt), in Baden der Bürger- u. der große Ausschuß (auf 6 Jahre gewählt). Die Verwaltung der Gemeindeangelegenheiten wird besorgt in Bayern von dem Magistrate in den Städten u. größeren Märkten (dessen Mitglieder entweder auf Lebenszeit, wie rechtskundige Bürgermeister u. Räthe, oder auf 6 Jahre gewählt werden), von dem Gemeindevorsteher in den Landgemeinden (auf 3 Jahre gewählt), in der Pfalz vom Bürgermeister (von der Regierung auf 5 Jahre ernannt), in Württemberg von dem Gemeinderathe (auf Lebenszeit ernannt — in den Städten Stadtschultheiß genannt) und dem Gemeinderath (auf 6 Jahre gewählt — in den Städten Stadtrath genannt), in Baden von dem Bürgermeister (auf 9 Jahre gewählt) u. dem Gemeinderath (auf 6

Süddeutsche Staaten 1868.

Jahre gewählt), in Hessen von dem Bürgermeister und seinen Beigeordneten (zeitweilig von der Regierung ernannt).

Kirchliche Verfassung. Für die **katholischen Glaubensgenossen** erscheinen als obere Kirchenbehörden: in Bayern die beiden Erzbisthümer München-Freising und Bamberg und 6 Bisthümer (im München-Freisinger Metropolitan-Sprengel zu Augsburg, Passau u. Regensburg, im Bamberger zu Würzburg, Eichstädt u. Speyer), in Baden das Erzbisthum Freiburg, in Württemberg das Bisthum Rottenburg, in Hessen das Bisthum Mainz, beide letztere zum erzbischöflichen Sprengel von Freiburg gehörig. Liechtenstein bildet einen Bestandtheil der bischöflichen Diöcese Chur in der Schweiz. Den erzbischöflichen u. bischöflichen Ordinariaten unterstehen die Decanate. Die Zahl der Klöster beträgt in Süddeutschland etwa 450 mit 1060 Mönchen (1864 in Bayern 1016, 1866 in Hessen 44) und c. 5000 Nonnen. — Die Verfassung der **evangelischen Kirche** beruht in Bayern, Württemberg (hier mit kön. Verordnung v. 20. Dec. 1867 regulirt) und Baden auf dem Synodal- u. Presbyterial-, in Hessen auf dem Consistorial-Systeme. Die obersten kirchlichen Behörden sind: in Bayern das Ober-Consistorium in München (mit 2 Consistorien) u. das pfälzische Consistorium in Speyer, in Württemberg das Consistorium u. der Synodus in Stuttgart, in Baden der Oberkirchenrath in Karlsruhe, in Hessen das Oberconsistorium in Darmstadt; von diesen Behörden dependiren in Bayern u. Baden die Decane, in Württemberg u. Hessen bezieh. die Generalsuperintendenten u. Superintendenten u. die Decane Ueber die Anzahl der Geistlichen (für die katholische Confession hauptsächlich nach den Angaben in Neher's kirchl. Statistik, Regensb. 1865, für die protestant. Confessionen nach Zeller's kirchl. Statistik, Stuttg. 1865) folgende Daten:

	Bayern	Württemberg	Baden	Hessen	Liechtenstein	Zusammen
katholische Priester (1864)	6899	1041	1100	300	20	9360
evangelische Geistliche (1862)	1256	1096	423	500	—	3275

Staatsverwaltung.

Staatsverwaltung in Bayern. Die Leitung der Staatsgeschäfte ist in oberster Linie unter 7 Staatsministerien vertheilt, nämlich unter die Staatsministerien des kön. Hauses u. des Aeußern, der Justiz, des Innern, der Kirchen- u. Schulangelegenheiten, der Finanzen, des Handels u. der öffentlichen Arbeiten, des Kriegs, neben welchen noch ein Staatsrath theils berathend, theils entscheidend wirkt. Centralstellen im Ressort der einzelnen Staatsministerien sind folgende: im Departement des Innern der Ober-Medicinalausschuß, im Finanz-Departement der oberste Rechnungshof, die General-Bergwerks- u. Salinen-Administration, die Staatsschulden-Tilgungscommission ꝛc., im Handels-Departement die oberste Baubehörde, das statistische Bureau, die Generaldirection der kön. Verkehrsanstalten u. die General-Zolladministration, im Kriegsdepartement die Generalinspection der Armee, das Generalauditoriat ꝛc., alle mit dem Sitze in München.

Als Oberbehörde für die Verwaltung befindet sich in jedem der 8 Kreise oder Regierungsbezirke, in welche das Königreich eingetheilt wird, eine Regierung, welche in 2 Kammern, für das Innere u. für die Finanzen, zerfällt, und ein Kreisscholarchat, einen Kreis-Medicinalausschuß, eine Kreisbaubehörde u. eine Kreiskasse zur Seite hat. Unter den Regierungen stehen für die innere u. Polizeiverwaltung die Bezirksämter in den Verwaltungsdistricten, die Magistrate in den größeren, sogen. unmittelbaren Städten (neben welchen jedoch der Vorstände aller Gemeinden die Ortspolizei wahrzunehmen haben) und die kön. Polizeidirection in München, für das Bauwesen die Baubehörden, für die Finanzgeschäfte die Rentämter, für die Forstsachen die Forstämter. — Die Rechtspflege wird vom Ober-Appellationsgerichte in München (als Cassationshof u. letzter Instanz), von 8 Appellationsgerichten in den einzelnen Kreisen, von den Bezirksgerichten (Collegialgerichten) und den Schwurgerichtshöfen (in jedem Kreise 1), von den Stadt- u. Landgerichten (Einzelgerichten) u. von einigen besonderen Gerichten ausgeübt. Ueber die Gliederung der Verwaltungs- u. Justizbehörden in den einzelnen Kreisen folgende Tabelle:

Kreis	Sitz der Regierung	Bezirks-Aemter	Unmittelb. Magistrate	Sitz des Appellat.-Gerichts	Bezirks-gerichte	Stadt- u. Landgerichte
Oberbayern	München	25	3	München	7	43
Niederbayern	Landshut	21	3	Passau	5	35
Oberpfalz und Regensburg	Regensburg	18	2	Amberg	4	34
Oberfranken	Bayreuth	19	3	Bamberg	4	36
Mittelfranken	Ansbach	17	9	Eichstädt	5	36
Unterfranken und Aschaffenburg	Würzburg	22	3	Aschaffenburg	5	44
Schwaben und Neuburg	Augsburg	19	8	Neuburg a/D.	4	36
Pfalz	Speyer	12	—	Zweibrücken	4	31
Summe . . .	8	153	31	8	38	295

Staatsverwaltung in Württemberg. Die höchste Staatsbehörde ist der aus den Ministern und den vom Könige hiezu ernannten Mitgliedern gebildete Geheime-Rath. Den

Staatsverwaltung.

einzelnen Zweigen der Staatsverwaltung sind 6 Ministerien zu Stuttgart vorgesetzt, nämlich das Ministerium der Justiz, das Ministerium der auswärtigen Angelegenheiten (mit dem Lehenrathe u. der Centralbehörde für die Verkehrsanstalten, welche aus 4 Sectionen besteht, nämlich der Eisenbahnbau-Commission, der Eisenbahndirection, der Postdirection u. der Telegraphendirection), das Ministerium des Innern (mit der Abtheilung für das Staatsstraßen- u. Wasserbauwesen, der Ablösungscommission, dem Medicinalcollegium, der Centralstelle für Handel u. Gewerbe, der Centralstelle für die Landwirthschaft, der Centralstelle für Landesculturfachen ꝛc.), das Ministerium des Kirchen- u. Schulwesens (welchem die Abtheilung für das Gelehrten- u. Realschulwesen einverleibt ist u. das evang. Consistorium, der katholische Kirchenrath u. die israelitische Oberkirchenbehörde unmittelbar untergeordnet sind), das Kriegsministerium (mit dem Oberkriegsgericht u. dem Oberrecrutirungsrath) und das Finanzministerium (mit der Oberfinanzkammer, welche in die Domänendirection, die Forstdirection u. den Bergrath zerfällt, ferner mit der Oberrechnungskammer, der Staatskassenverwaltung, dem Steuercollegium u. dem statistisch-topographischen Bureau).

In jedem der 4 Kreise, in welche das Königreich eingetheilt wird, ist als leitende Verwaltungsbehörde eine Kreisregierung bestellt u. dem Ministerium des Innern unmittelbar untergeordnet. Den Kreisregierungen unterstehen für die Administration in den Oberamtsbezirken die Oberämter, deren Functionen in der Haupt- u. Residenzstadt Stuttgart von der kön. Stadtdirection wahrgenommen werden; die untersten Organe für die Landes- u. Ortspolizei sind die Gemeindevorsteher. Ferner sind als Territorialbehörden die Cameral- u. Zollämter für das Finanzwesen, die Forstämter für die Forstverwaltung, die Straßenbau-Inspectionen u. die Bezirksbauämter für das öffentliche Bauwesen berufen ꝛc. — Für die Rechtspflege bestehen (nach der Gerichtsverfassung v. 13. März 1868) das Obertribunal in Stuttgart, die 8 Kreisgerichtshöfe, die 8 Schwurgerichtshöfe, das Stadtgericht für die Stadt Stuttgart, 63 Oberamtsgerichte u. die Ortsgerichte. — Bestand der Administrativ- u. Justizbehörden in den Kreisen u. Bezirken:

Kreis	Sitz der Kreisregierung	Oberämter (incl. Stadtdirection)	Kreisgerichtshöfe	Stadt- u. Oberamtsgerichte
Neckarkreis	Ludwigsburg	17		17
Schwarzwaldkreis	Reutlingen	17	8	17
Jagstkreis	Ellwangen	14		14
Donaukreis	Ulm	16		16
Summe	4	64	8	64

Staatsverwaltung in Baden. Die oberste Verwaltungsbehörde ist das Staatsministerium, welches, unter dem Vorsitze des Großherzogs, aus den Vorständen der Departements-Ministerien, aus dem Präsidenten des evangel. Oberkirchenraths u. (bei Competenzstreitigkeiten) aus höheren Gerichtsbeamten gebildet ist; ihm untersteht unmittelbar die Oberrechnungskammer. Die einzelnen Departements-Ministerien (mit dem Sitze in Karlsruhe) sind folgende 6: das Ministerium des großh. Hauses u. der auswärtigen Angelegenheiten; das Ministerium der Justiz; das Ministerium des Innern, welchem der Verwaltungshof in Bruchsal, der Obermedicinalrath, der Oberschulrath, der Verwaltungsgerichtshof u. der Oberrath der Israeliten unmittelbar unterstehen; das Handelsministerium, mit welchem das statistische Bureau vereinigt ist u. von welchem die Oberdirection des Wasser- u. Straßenbaues u. die Direction der Verkehrsanstalten direct ressortiren; das Finanzministerium, welchem die General-Staatskasse, der Domänendirection (für Domänen, Forste, Berg- u. Hüttenwerke), der Steuerdirection, der Zolldirection u. der Baudirection vorgesetzt ist; das Kriegsministerium mit dem General-Auditoriat ꝛc.

Zum Zwecke der örtlichen Vollziehung der Aufgaben der gesammten innern Staatsverwaltung ist das Großherzogthum in 59 Amtsbezirke abgetheilt; in jedem Bezirke ist als Staatsverwaltungsbehörde das Bezirksamt aufgestellt, welches die ihm zugewiesenen Geschäfte theils allein, theils in Verbindung mit einem aus den ausgezeichneten Bewohnern gebildeten Bezirksrathe besorgt. Zur Pflege gemeinsamer öffentlicher Interessen u. Angelegenheiten sind die Amtsbezirke in Kreise (Kreisverbände) vereinigt, in welchen die Selbstverwaltung der Kreisversammlung u. dem Kreisausschusse übertragen ist u. als Organ der Staatsverwaltung (Kreishauptmann) der Verwaltungsbeamte des Bezirks, in welchem die Kreisverwaltung ihren Sitz hat, zu fungiren berufen ist. Zur Aufsicht über die Amts- u. Kreisverwaltung verwendet das Ministerium des Innern Bevollmächtigte aus der Zahl seiner Collegialmitglieder als Landescommissäre mit auswärtigem Wohnsitze. (Gesetz v. 5. Oct. 1863, betr. die Organisation der innern Verwaltung.) — Die Handhabung der Ortspolizei ist Sache der Bürgermeister. — Für die Finanzverwaltung bestehen Steuerrevisionen, Obereinnehmereien, Zoll- u. Steuerämter, für das öffentliche Bauwesen bestehen Bezirksbau-Inspectionen, Wasser- u. Straßenbau-Bezirksinspectionen als einzelne Behörden ꝛc. — Die Rechtspflege wird (nach dem Gesetze v. 19. Mai 1864) von folgenden ordentlichen Gerichten gehandhabt: von dem Oberhofgericht in Mannheim, von 11 Kreisgerichten, von denen 5 (mit Appellationssenaten versehen) als Kreis- u. Hofgerichte wirksam sind, von 5 Schwurgerichtshöfen und von 66 Amtsgerichten. — Ueber die Verwaltung in den Kreisen u. Bezirken u. über die Gerichtsbehörden folgende Tabelle:

Süddeutsche Staaten 1868.

Sitz des Landescommissärs	Kreis (Sitz der Kreisverwaltg. u. des Kreisgerichts)	Sitz des Kreis- u. Hofgerichts	Bezirks-Aemter	Amts-gerichte
Konstanz	Konstanz	Konstanz	7	8
	Villingen		3	3
	Waldshut		5	5
Freiburg	Freiburg	Freiburg	8	8
	Lörrach		4	4
	Offenburg	Offenburg	6	7
Karlsruhe	Baden		5	5
	Karlsruhe	Karlsruhe	6	7
	Mannheim		3	4
Mannheim	Heidelberg	Mannheim	4	6
	Mosbach		8	9
Summe	11	5	59	66

Staatsverwaltung in Hessen. Die obersten Staatsbehörden sind der consultative, doch in gewissen Fällen auch entscheidende Staatsrath und die 5 verwaltenden Ministerien: des großh. Hauses u. des Aeußern, des Innern, der Justiz, der Finanzen u. des Kriegs, denen als Centralbehörden untergeordnet sind u. zw. dem Ministerium des Aeußern die Commission für Postangelegenheiten, dem Ministerium des Innern die Oberstudien- u. die Obermedicinaldirection, die Centralstellen für die Landesstatistik, für die Landwirthschaft, für die Gewerbe u. den Landesgewerbverein u. der Administrativ-Justizhof, dem Finanz-Ministerium die Oberrechnungskammer, die Obersteuer-, die Oberzoll-, die Oberforst- u. Domänen- u. die Oberbau-Direction ic., alle in Darmstadt.

Jedem der 24 Kreise, in welche die 3 Provinzen des Großherzogthums Hessen gegenwärtig eingetheilt werden, ist als Administrativ- u. Polizeibehörde das Kreisamt vorgesetzt; die Kreisämter unterstehen den direct vom Ministerium des Innern abhängigen Provinzialdirectionen, als welche die Kreisämter in den 3 Provinzialhauptstädten fungiren. Von den Kreisämtern dependiren die großh. Polizeiverwaltungen in 7 größeren Städten u. die Bürgermeister in den Gemeinden, als Träger der örtlichen Polizeigewalt. Sonst bestehen als untere Behörden Steuercommissariate, Obereinnehmereien, Zollämter, Forst- u. Rentämter, Provinzial- und Kreisbauämter u. s. w. — Ordentliche Gerichte sind: das Oberappellations- und Cassationsgericht in Darmstadt, die beiden Hofgerichte, d. h. das rheinhessische Obergericht, die Schwurgerichtshöfe; ferner in den Provinzen Starkenburg u. Oberhessen die Bezirksstrafgerichte, die Stadt- u. Landgerichte u. die Ortsgerichte, in Rheinhessen die Bezirks- u. Friedensgerichte. — Verwaltungs- u. Gerichtsorganismus in den Provinzen:

Provinz	Sitz d. Provinz.-Direction	Kreis-ämter	Sitz d. Hof-ob. gerichte	Bezirks- straf- gerichte	Bezirks- gerichte	Stadt- u. Land- gerichte	Friedens- gerichte
Starkenburg	Darmstadt	10	Darmstadt	2	—	18	—
Oberhessen	Gießen	9	Gießen	3	—	23	—
Rheinhessen	Mainz	5	Mainz	—	2	—	12
Summe	3	24	3	5	2	41	12

Staatsverwaltung in Liechtenstein. Die oberste Staatsbehörde ist die Hofkanzlei, die sich am Sitze des Fürsten in Wien befindet u. gleichzeitig als Appellationsgericht fungirt. Ihr untersteht als Landesbehörde die Regierung in Vaduz, von der wiederum ein Landgericht als politische u. Justizbehörde I. Instanz abhängt. Als oberster Gerichtshof ist das k. k. österr. Oberlandesgericht in Innsbruck bestellt.

Staatsfinanzen.

Ueber den Staatshaushalt der süddeutschen Staaten folgende Ziffern, in Gulden südd. Währung:

		Einnahmen	Ausgaben	Staatsschuld
Bayern	{Voranschlag 1868 Brutto u. 1869 jährlich Netto	87,144,606 58,508,588	87,144,606 58,508,588	Ende Aug. 1867 402,524,239
Württemberg	Ordentl. 1867/68 Finanz- 1868/69 Etat 1869/70	19,957,708 21,301,667 22,395,981	19,957,708 21,301,667 22,430,472	1. Juli 1867 113,330,220
	Außerordentl. Etat 1867—70	4,649,460	4,649,460	
Baden	Or-dentl. 1868 {incl. Verwaltungskosten ohne Bud-get 1869 {incl. ohne	19,327,343 14,439,101 19,326,263 14,459,897	18,772,865 13,884,623 19,138,062 14,269,696	1. Januar 1867 126,793,542
	Außerord. Ausg.-Etat pro 1868 u. 1869	—	5,730,614	
	Budget der Posten 1868 und Eisenbahnen 1869	18,075,876 18,738,561	13,461,250 14,032,786	
Hessen	Budget 1866—68 jährlich	9,248,357	8,833,301	Ende 1863 16,613,379
Liechtenstein (Finanzetat für d. J. 1868)		71,872	67,728	—

Kriegsmacht. 55.

Unter den vorstehenden Ausgaben sind die Kosten für das Militär mit folgenden Ziffern enthalten: in Bayern (Netto jährl.) 14,975,465 fl. (außerdem für beide Jahre 1868 u. 1869 außerordentl. Aufwand v. 2,580,341 fl.); in Württemberg 1867/8 4,454,744, 1868/9 4,882,904, 1869/70 5,109,647, im außerordentl. Etat für die 3 Jahre 3,103,300 fl.; in Baden (Netto) 1868 4,526,966, 1869 4,667,281, im außerordentl. Etat für beide Jahre 3,302,779 fl.; in Hessen 1,723,173 fl., wozu noch ein außerordentl. Militärbudget kommt, das für die Jahre 1866—68 auf mehr als 5 Mill. fl. geschätzt wird.

Kriegsmacht.

Die Regierungen von Bayern, Württemberg, Baden u. Hessen haben auf einer Conferenz zu Stuttgart unterm 5. Febr. 1867 die Vereinbarung getroffen, die Wehrkräfte ihrer Länder so zu organisiren, daß sie zu gemeinsamer Action unter sich u. mit Norddeutschland befähigt werden. Demgemäß sollen in ihren Ländern gemeinschaftliche Principien einer der preußischen nachgebildeten Wehrverfassung, und einer gleichartigen Eintheilung u. Ausrüstung der Truppen bestehn, in letzterer Hinsicht namentlich gleichartige taktische Einheiten, möglichste Uebereinstimmung der Reglements, der Feuerwaffen u. Munition, gemeinschaftliche größere Uebungen u. gleichmäßige Ausbildung der Offiziere.

Hessen hat seitdem seine Truppen (infolge der Militärconvention vom 7. April 1867) mit dem Norddeutschen Bundesheere vereinigt und die norddeutsche Kriegsverfassung angenommen (vgl. S. 23 u. folg.) und in den drei andern Staaten ist die Regelung der Wehrverfassung nach gleichen Grundsätzen Anfangs 1868 erfolgt.

Die Wehrverfassung beruht nun in Bayern auf dem Gesetze v. 30. Jan. 1868, in Württemberg auf dem Kriegsdienstgesetze v. 12. März 1868 u. in Baden auf dem Wehrgesetze v. 12. Febr. 1868.

Nach diesen Wehrgesetzen sind in Bayern, Württemberg u. Baden alle waffentauglichen Staatsbürger zum persönlichen Wehrdienste verpflichtet. Von dieser Verpflichtung sind befreit: die Prinzen des regierenden Hauses; ferner in Bayern die Standesherren u. ihre Familien, der geistliche Stand der Katholiken u. Protestanten u. vorschriftsmäßig angestellte Rabbiner, der einzig übrig gebliebene Sohn solcher Aeltern, welche einen Sohn u. jeder Sohn von Aeltern, welche zwei Söhne im Heeresdienste verloren haben; in Württemberg die Mitglieder der mediatisirten, vormals reichsständischen Familien und die Angehörigen des geistlichen Berufes, welche die Aufnahmsprüfung in das Priesterseminar oder die erste evangelische Kirchendienstprüfung erstanden haben, sowie geprüfte Rabbinatscandidaten; in Baden die Standesherren u. ihre männlichen Familienangehörigen. Eine zeitweise Befreiung im Frieden genießen in Bayern Studirende der Theologie u. Rabbinatscandidaten, Schullehrer u. Candidaten des Schulamts, der Sohn einer Familie, welcher dieselbe durch seine Arbeit ernährt und der jüngere von 2 Söhnen bis zu dem Kalenderjahre, in welchem die Dienstpflicht seines eingereihten Bruders in der activen Armee endigt. In Württemberg u. Baden kann hinwieder für gewisse Wehrpflichtige eine Zurückstellung oder Zutheilung zur Ersatzreserve stattfinden, u. zwar in Württemberg wegen Familienverhältnisse, in Baden wegen dieser, sowie wegen Ausbildung in einem Gewerbe, wegen Ausübung eines Gewerbes in entlegenen Ländern und wegen des geistlichen Berufes.

Die bewaffnete Macht besteht in jedem der drei genannten Staaten aus dem stehenden Heere (in Württemberg der Linie) und der Landwehr. Die Verbindlichkeit zum Kriegsdienste dauert in Bayern 11, in Württemberg u. Baden 12 Jahre; hievon entfallen in Bayern 6 Jahre (3 Jahre in der activen Armee u. 3 Jahre in der Reserve), in Württemberg u. Baden 7 Jahre (3 Jahre im activen Heere u. 4 Jahre in der Kriegsreserve) auf die Dienstzeit im stehenden Heere, der Rest von 5 Jahren ist in der Landwehr, die aus sämmtlichen Mannschaften gebildet wird, welche ihrer Verpflichtung im stehenden Heere genügt haben, zuzubringen. In Bayern ist für Angehörige der berittenen Truppen, die freiwillig ein viertes Jahr bei der activen Armee bleiben, die Dienstzeit in der Reserve u. der Landwehr auf je 2 Jahre beschränkt. Wehrpflichtige Schulamtscandidaten u. Volksschullehrer genügen in Württemberg u. Baden ihrer Dienstpflicht im activen Heere durch eine sechswöchige militärische Uebung.

Die Wehrpflicht im stehenden Heere beginnt in Bayern u. Württemberg mit dem 1. Januar des Kalenderjahres, in welchem der Pflichtige das 21ste Lebensjahr zurücklegt. In Baden erfolgt der Eintritt in das stehende Heer in dem Kalenderjahre, in welchem der Wehrpflichtige das 20ste Lebensjahr vollendet. — Der freiwillige Eintritt in das active Heer ist dem Staatsangehörigen schon nach dem vollendeten 17ten Lebensjahre gestattet. Junge Leute von nachgewiesener höherer Bildung, welche sich selbst bekleiden u. verflegen, können als einjährige Freiwillige in das stehende Heer eintreten. Diese werden, nach Vollendung des einjährigen Dienstes, zur Reserve entlassen, aus welcher sie (nach dreijähriger Dienstzeit in Bayern u. sechsjähriger in Baden) in die Landwehr übergehen; in Württemberg dauert ihre Dienstzeit in der Kriegsreserve so lange, als die Altersclasse, welcher sie angehören, in dieser dienstpflichtig ist. Die Berechtigung zum einjährigen freiwilligen Dienste kann in Württemberg u. Baden auch gewissen gewerblichen Arbeitern, dort auch gewissen Landwirthen, hier Gewerbetreibenden in entlegenen Ländern ertheilt werden. Die ob ihres höhern Bildungsgrades aufgenommenen einjährigen Freiwilligen haben Anspruch auf Offizierstellen in der Reserve und Landwehr.

Die Mannschaften der Reserve u. Landwehr sind im Frieden (mit Ausnahme der Landwehrstämme u. abgesehen von den Uebungen oder vorübergehenden Dienstleistungen) in ihre Heimat entlassen; sie werden im Falle einer Mobilmachung einberufen. Die Landwehr-Infanterie bildet selbständige Truppenkörper, die Landwehrmänner der übrigen Truppenkörper werden zur Verstärkung u. Ergänzung des stehenden Heeres verwendet. — Die Landwehr wird nach Landwehr-Bataillonsbezirken eingetheilt, welche gleichzeitig die Ergänzungsbezirke für das stehende Heer sind. In Bayern besteht — zur Mitwirkung bei Erhaltung der innern Sicherheit — nach dem neuen Wehrgesetze eine Bürgerwehr, als welche bis zum 1. Januar 1869 die bisherige Landwehr fungirt.

Was die Truppenorganisation anbelangt, so soll, gemäss der Stuttgarter Conferenz, der Formationsstand des stehenden Heeres 1½ bis 2 Proc., der wirkliche Präsenzstand (ohne Einrechnung der Offiziere u. Militärbeamten) ¾ bis 1 Proc. der Bevölkerung betragen, die Infanterie in Bataillons (à 4 Comp.) zu 1000 Mann, die Cavallerie in Regimentern zu 5 Escadrons, die Artillerie in Batterien zu 6 Geschützen eingetheilt werden, es sollen auf je 1 Bataillon Infanterie thunlichst 1 Escadron u. auf je 1000 Mann Infanterie. Cavallerie 3 Geschütze entfallen. Die Armeecorps sollen in einer Stärke von 30,000 bis 45,000 Mann formirt werden.

Die königl. bayerische Armee besteht gegenwärtig aus 16 Linien-Infanterie-Regtrn. (à 3 Bataill. zu 4 Comp.), 10 Jägerbataillonen (zu 4 Comp.), 10 Cavallerie-Regtrn. (2 Küraffier-, 2 Ulanen- u. 6 Chevauxlegers-Regtrn., à 5 Escadr.), 4 Artillerie-Regtrn., (à 13 Batterien u. 1 Fuhrwesens-Escadron), 1 Genie-Regt. (zu 10 Comp. u. 1 Fuhrwesens-Abtheilung), 1 Ouvriers- u. 1 Feuerwerks-Compagnie, 4 Sanitätscompagnien, 6 Verpflegsabtheilungen und 32 Landwehr-Bataillonen. Ferner gehören ihr an die Generalität, der General-Quartiermeisterstab, die Leibgarde der Hartschiere, 2 Garnisonscompagnien u. die Gensd'armerie. Die active Armee soll nach dem neuen Wehrgesetze v. 30. Jan. 1868 bis zum 31. Dec. 1871 ohne Einrechnung der Offiziere, Militärbeamten u. Ersatzmannschaften 1 Proc. der Bevölkerung betragen; vom 1. Jan. 1872 an wird die Zahl der jährlich im Frieden in die active Armee Einzureihenden in dem Finanzgesetze festgestellt. Der Stand der Armee (incl. Offiziere ec.) beträgt auf dem Friedensfuße (nach der mit kön. Entschl. v. 10. Mai 1868 genehmigten Formation) u. im Falle der Mobilmachung (nach den diesfallsigen der Abgeordnetenkammer vorgelegten Daten) folgende Ziffern:

	Friedensstand.	Kriegsstand.
Infanterie u. Jäger	40,554 Mann.	60,000 Mann.
Cavallerie	7,290 "	10,450 "
Artillerie	7,112 "	11,028 "
Genietruppen	1,412 "	2,150 "
Ouvriers- u. Feuerwerkscompagnie	289 "	629 "
Sanitätscompagnien	624 "	696 "
Summe	57,281 "	84,933 "

Eingerechnet die besonderen Branchen u. die Gensd'armerie beläuft sich der Friedensstand der bayer. Armee auf mehr als 60,000 Mann; die Kriegsstärke ist, einschließlich der Ersatztruppen u. der Landwehr, auf c. 140,000 Mann anzuschlagen. Militärische Oberbehörden sind die General-Inspection der Armee, die 4 General-Commanden (mit 8 Infanterie- u. 4 Cavallerie-Brigaden), das Artillerie-Commando (mit 2 Artill.-Brigaden) u. das Genie-Commando.

Das kön. württembergische Truppencorps begreift 8 Linien-Infanterie-Regtr. (à 2 Bataill. zu 4 Comp.), 3 Jägerbataillone (à 4 Comp.), 1 Feldjägerschwadron, 4 Reiterregtr. (à 4 Schwadr.), 1 Artillerie-Brigade mit 1 Feldregt. (3 Bataill.), 1 Festungsbataill., 2 Arsenalcomp. u. 2 Trainabtheilungen, 1 Pionnierbataillon u. 10 Landwehrbataillone, ferner das Corpscommando, die Generalität, den General-Quartiermeisterstab, das Sanitätswesen, 1 Disciplinarcompagnie u. s. w. Im Kriege werden für jedes Infanterie- u. Jägerbataillon 1 Ersatzcompagnie, für jedes Reiterregt., 1 Ersatzschwadron u. für die Artillerie 3 Ersatzbatterien gebildet. Nach dem Militär-Etat pro 1867—70 ist die Friedens- u. Kriegsformation des kön. Truppencorps (excl. Offiziere, Beamten u. Landwehr) folgende:

	Friedens-formation Mann.	Kriegsformation — Mann.			
		Feld-truppen.	Festungs-truppen.	Ersatz-truppen.	Summe.
Infanterie	9,081	14,580	5,100	4,850	24,530
Reiterei	2,163	2,140	160	660	2,960
Artillerie	1,571	1,910	1,200	300	3,410
Pionniere	247	410	200	100	710
Sanitätswesen	234	710	220	—	930
Zusammen	13,296	19,750	6,880	5,910	32,540

Einschließlich der Offiziere u. der besonderen Branchen beträgt die Friedensstärke der württ. Armee c. 14,000 u. die Kriegsstärke (incl. 10,000 M. Landwehr) ungefähr 45,000 Mann. Abgesehen von der Landwehr bildet das Truppencorps im Kriege 1 Felddivision, 1 Festungsbrigade u. die Ersatztruppen.

Die großherzogl. badischen Truppen umfassen, unter einem Divisions-Commando, 3 Infanterie-Brigaden mit 6 Regtrn. (1 Grenadier- u. 5 Linien-Regtrn.) à 3 Bataill., 1 Cavallerie-Brigade mit 3 Dragoner-Regtrn. à 5 Escadr., 1 Artillerie-Brigade mit 1 Feldartillerie-Regt., 1 Festungsartillerie-Bataillon, 1 Pionnier- u. 1 Trainabtheilung, ferner 10 Bataillone Landwehr. Die Formation schließt sich streng den Grundsätzen des norddeutschen Heeressystems an. Nach dem Contingentgesetze v. 12. Febr. 1868 ist die Friedenspräsenzstärke (ohne Offiziere u. Militärbeamte) auf 14,000 Mann festgestellt u. soll die Landwehr mit etwa 8000 Mann vorgesehen werden. Die Friedens- und Kriegsstärke (incl. Offiziere) ist in dem den Kammern vorgelegten Militärbudget pro 1868 u. 1869 also normirt:

	Friedensstärke.	Kriegsstärke — Mann.			
		Stehendes Heer.	Ersatztruppen.	Landwehr.	Summe.
Höhere Stäbe	21 Mann	152	—	—	152
Infanterie	10,119 "	19,113	7029	—	26,142
Cavallerie	2,202 "	2,094	750	—	2,844
Artillerie	1,771 "	3,701	516	—	4,217
Pionniere	264 "	506	128	—	634
Train	147 "	1,363	386	—	1,749
Landwehr-Infanterie	160 "			7939	7,939
Zusammen	14,684 "	26,929	8809	7939	43,677

Ueber die Formation der großh. hessischen Division vgl. S. 24 u. 25. — Zwischen Preußen einerseits, Bayern, Württemberg u. Baden andererseits sind Schutz- u. Trutzbündnisse abgeschlossen worden (vgl. S. 25). Ferner besteht zwischen Preußen u. Baden eine Uebereinkunft, wonach die badischen Offiziere, soweit möglich, in preußischen Unterrichtsanstalten ausgebildet werden dürfen u. eine dauernde Commandirung von zwei badischen Offizieren zum preuß. Generalstabe stattfindet.

Festungen giebt es in Bayern 4 (Landau, Germersheim, Neu-Ulm u. Ingolstadt), in Württemberg 2 (Ulm u. Hohenasperg), in Baden 1 (Rastatt) u. in Hessen 1 (Mainz). In der letztgenannten hat Preußen das Besatzungsrecht.

Das Militär des Fürstenthums Liechtenstein ist seit 1868 aufgelöst und die Bevölkerung dieses kleinen Staats ist gegenwärtig von der Wehrpflicht entbunden.

III. Großherzogthum Luxemburg.

Das Großherzogthum Luxemburg mit einem Flächeninhalte von 47 geogr. Quadrat-Meilen und einer Bevölkerung von ungefähr 200,000 Seelen, welche, abgesehen von wenigen Wallonen an der belgischen Grenze, dem deutschen Stamme angehört, zerfällt gegenwärtig in folgende drei Districte, die wieder in 12 Kantone untergetheilt sind.

Districte.	Kantone.	Flächeninhalt in geogr. QM.	Bevölkerung			Bewohner auf 1 QM. (Ende 1867)	Städte	Landgemeinden.
			Ende 1865	Ende 1866	Ende 1867			
Luxemburg	4	16,43	87,799	86,989	87,673	5,336	1	47
Diekirch	5	21,04	71,305	71,077	69,182	3,288	4	47
Grevenmacher	3	9,53	44,747	43,565	43,103	4,523	3	24
Summe	12	47,00	203,851	201,631	199,958	4,255	8	118

Obschon vollkommene Glaubens- u. Gewissensfreiheit herrscht, bekennen sich doch die Bewohner fast ausschließlich zur römisch-katholischen Religion, deren Oberhirt der unmittelbar dem päpstlichen Stuhle unterstehende apostolische Vicar in der Stadt Luxemburg ist. Die wenigen Evangelischen, vereinigt in einer Gemeinde, haben sich kürzlich unter das Regiment der S.-Weimar'schen lutherischen Landeskirche gestellt. Juden giebt es ungefähr 500 im ganzen Lande.

Die Hauptstadt des Großherzogthums ist die Stadt Luxemburg, welche am 3. Decbr. 1867 14,634 Einwohner zählte.

Die Hauptnahrungszweige der Bevölkerung sind der Ackerbau, die Viehzucht, der Bergbau u. der Hüttenbetrieb auf Eisen und im nördlichen Theile des Landes, dem sogen. Oesling, auch die Cultur der Lohhecken. Vom Gesammtareale sind mehr als 95 Procent productiv, über 42 Proc. dem Ackerlande, nahezu 2 Proc. den Gärten u. Weinbergen, über 22 Proc. den Waldungen u. mehr als 8 Proc. den eben erwähnten Lohhecken gewidmet. Im Jahre 1864 wurden im Großherzogthume 9,880,000 Zollctr. Eisenerze, 540,000 Zollctr. Roheisen, 5400 Zollctr. Stab- u. gewalztes Eisen u. 18,000 Zollctr. Gußwaaren producirt. Salz u. Kohlen sind im Lande nicht vorhanden. Die gewerbliche Thätigkeit, deren Betrieb vollkommen freigegeben ist und deren Interessen von einer Handelskammer in der Hauptstadt wahrgenommen werden, ist, außer der Eiseninduftrie, welche Ende 1861 auf 11 Eisenwerken (mit 22 Hoch-, 3 Pubblings- u. 10

Kuppelöfen u. 10 Frischfeuern), in 2 Eisenwaaren- u. 5 Maschinenfabriken, sowie in 4 Eisengießereien betrieben wurde, am bedentendsten in der Lederbereitung und der Verfertigung von Handschuhen, in der Erzeugung von Porzellan u. Steingut (Ende 1861 2 Porzellan- u. 4 Steingutfabriken), von Papier (4 Fabr.) und in der Bereitung von Mehl (Ende 1861 324 Getreidemühlen), welche Industriezweige auch für eine namhafte Ausfuhr arbeiten. Die Textilindustrie beschäftigte, nach den Zollvereinstabellen für Ende 1861, 23 mechanische Streichgarnspinnereien mit 7598 Feinspindeln und 2037 Webestühle (1494 in Leinen, 358 in Schafwolle, 134 in Baumwolle u. 51 in Strumpfwaaren), welch' letztere aber größtentheils dem handwerksmäßigen Betriebe angehörten, indem in diesen Branchen nur 5 Fabriken existirten. Sehr ansehnlich ist die Branntweinbrennerei, Ende 1861 mit 2000 Etablissements; ferner gab es zu jener Zeit im Lande 36 Bierbrauereien, 33 Tabaksfabriken, 52 Kalkbrennereien, 55 Oel- u. 27 Sägemühlen u. s. w. Gekräftigt durch die natürliche u. Kunstproduction, haben Handel u. Verkehr einen lebhaften Aufschwung genommen, zu welchem wol auch die Theilnahme des Landes am deutschen Zoll- u. deutsch-österr. Telegraphenvereine, die guten Landstraßen, die Eisenbahnen, welche gegenwärtig eine Länge von 23 Ml. erreichen, und die internationale Bank zu Luxemburg wesentlich beitragen. Das Postwesen hat in Hinsicht auf den Verkehr mit dem übrigen Deutschland durch den Postvertrag v. 23. Nov. 1867 eine große Förderung erfahren.

Für die geistige Cultur sorgen das Athenäum, das Priesterseminar, die Normal- und die Musikschule in der Hauptstadt, das Progymnasium zu Diekirch, die Mittel- u. Gewerbeschule u. die Ackerbauschule in Echternach, 6 Ober-Primärschulen u. (1865) 494 Elementar- oder Primärschulen.

Das Großherzogthum Luxemburg ist eine unabhängige Repräsentativ-Monarchie, die sich mit dem Königreiche der Niederlande in Personalunion befindet, indem das in den Niederlanden regierende Haus Nassau-Oranien auch in Luxemburg zur Herrschaft berufen ist. Der König-Großherzog (gegenwärtig Wilhelm III., geb. am 19. Febr. 1817, reg. s. 17. März 1849) übt die gesetzgebende Gewalt nur unter entscheidender Mitwirkung der Ständeversammlung aus. Er läßt sich im Großherzogthume durch einen Prinzen seines Hauses — den Statthalter — vertreten; seinem Cabinete im Haag ist ein Secretariat für die luxemburgischen Angelegenheiten beigegeben. Er wird mit dem vollendeten 18ten Lebensjahre großjährig und verleiht die beiden Orden vom goldenen Löwen und von der Eichenkrone. Die Erbfolge ist die agnatische. — Die Ständeversammlung besteht aus 31 Abgeordneten, welche von den Staatsbürgern in den 13 Wahlkantonen auf 6 Jahre direct gewählt werden. Das active u. passive Wahlrecht ist von der Vollendung des 25sten Lebensjahres, ersteres auch von der Zahlung von 30 Francs an directen Steuern abhängig. Der Landesherr beruft die Stände jedes Jahr zum ordentlichen Landtage zusammen; er ernennt ihren Präsidenten oder überläßt dessen Wahl der Ständeversammlung — (Verfassung vom 27. Nov. 1856, Wahlgesetz v. 1. Decb. 1860).

Die oberste Staatsbehörde ist die Regierung mit dem Sitze zu Luxemburg, deren Mitglieder (ein Präsident mit dem Titel eines Staatsministers und 2—3 Generaldirectoren) mit der verantwortlichen Leitung der Verwaltungsdepartemens ob. Generaldirectionen (gegenwärtig 4 an der Zahl) betraut sind. Die Generaldirectionen begreifen derzeit 6 Büreaux: für die auswärtigen Angelegenheiten (auch für Militär u. Cultus), für die Gemeindeangelegenheiten, für das Innere (incl. Posten), für die Justiz (auch für Polizei, Unterricht, Ackerbau, Handel u. Gewerbe), für die Finanzen u. für die öffentlichen Bauten. Von der Regierung, neben welcher ein Staatsrath besteht, ressortiren verschiedene obere u. untere Behörden, von denen besonders die Districtscommissariate namhaft gemacht werden müssen, als die Administrativbehörden für die innere u. Polizeiverwaltung in den drei Districten. Diesen sind wiederum die Bürgermeister u. Schöffencollegien in den Gemeinden untergeordnet, welchen die Gemeinderäthe als Communalvertretungen gegenüberstehen.

Die Rechtspflege wird von dem Obergerichtshofe u. dem Assisenhofe in der Hauptstadt, von 2 Bezirksgerichten u. von 12 Friedensgerichten in den Kantonen ausgeübt.

Das Budget weist für das Jahr 1866/67 eine Einnahme von 4,958,520 Francs (à 8 Sgr.) und eine Ausgabe von 5,074,392 Frcs (worunter 506,300 Fr. für Militär u. 606.000 Fr. für die Staatsschuld) nach. — Die Staatsschuld beträgt (nach Kolb) etwas über 13 Mill. Frcs.

Das Militär besteht aus einem Jägercorps, das in 2 Bataillone formirt ist u. gegenwärtig eine Stärke von 1568 Mann zählt; hiezu kommt die Gensd'armerie von 109 Mann. Durch den zwischen den europ. Großmächten, den Niederlanden u. Belgien am 11. Mai 1867 in London abgeschlossenen Vertrag wurde das Großherzogthum Luxemburg als ein neutraler Staat erklärt u. die bisherige Festungseigenschaft der Stadt Luxemburg aufgehoben, wobei Preußen sein bisheriges Besatzungsrecht in derselben aufgab.

IV. Deutscher Zoll- und Handelsverein.

Der deutsche Zoll- u. Handelsverein, durch den Vertrag vom 22. März 1833 begründet, in seiner Organisation durch spätere Verträge, insbesondere durch jene vom 8. Mai 1841, 4. April 1853 u. 16. Mai 1865 weiter ausgebildet, beruht gegenwärtig auf dem zwischen dem Norddeutschen Bunde und den süddeutschen Staaten (mit Ausnahme Liechtenstein's) abgeschlossenen Vertrage vom 8. Juli 1867. Er erfuhr in der jüngsten Zeit eine Erweiterung seines Territorium's insoferne, als den durch den Zollvereinigungsvertrag vom 4. April 1853 verbundenen Staaten, denen sich 1856 einige bremische Gebietstheile anschlossen, am 15. Novbr. 1867 die Herzogthümer Schleswig u. Holstein mit ihrem Zoll- u. Steuersysteme angehörigen Gebietstheilen (nämlich dem oldenburgischen Fürstenthume Lübeck, den hamburgischen u. Stadt-Lübeck'schen Enclaven), am 5 Januar 1868 das Herzogthum Lauenburg u. am 11. Febr. 1868 einige hamburgische Gebietstheile (Stadt Bergedorf, Dorf Geesthacht u. ein Theil der Landschaft Billwärder an der Bille) beigetreten sind. Der deutsche Zollverein umfaßt somit gegenwärtig den ganzen Norddeutschen Bund (mit Ausnahme der unten aufgeführten Zollausschlüsse), die Königreiche Bayern u. Württemberg, die Großherzogthümer Baden u. Hessen u. endlich das Großherzogthum Luxemburg (vermöge des Vertrages v. 26./31. Dec. 1853, wegen Fortdauer seines Anschlusses an das preuß. Zollsystem). Er zählt auf einem Flächeninhalte von ungefähr 9367 □Ml. eine Bevölkerung (Ende 1867) von c. 37⁴/₁₀ Mill. Menschen.

Die Mitglieder des deutschen Zoll- u. Handelsvereins sind theils unmittelbare, theils mittelbare oder solche, welche sich zunächst dem Zollsysteme eines der unmittelbaren Glieder angeschlossen haben und von diesem im Gesammtvereine mitvertreten werden. Sie sind folgende: 1) Preußen (incl. Lauenburg u. Communionsamt Goslar); mit diesem stehen im engern Vereine Luxemburg, Anhalt, Waldeck-Pyrmont, Lippe u. Schaumburg-Lippe, die oldenburgischen Fürstenthümer Birkenfeld u. Lübeck, der braunschweigische Kreis Blankenburg mit dem Amtsbezirke Kalvörde, die schwarzburgischen Unterherrschaften, die Justizamtsbezirke Allstedt mit Oldisleben (von S.-Weimar) u. Vollenroda (von S.-Gotha), die dem Zollvereine beigetretenen hamburgischen u. lübeckischen Gebietstheile, einige bremische Gebietstheile u. die mecklenburg. von der Provinz Brandenburg enclavirten Ortschaften Rossow, Netzeband u. Schöneberg. 2) Bayern; mit diesem befinden sich im engern Vereine die Justizamtsbezirke Ostheim (von S.-Weimar, doch ohne den Ort Melpers) und Königsberg (von S.-Koburg), sowie die tirolische Gemeinde Jungholz (Vertrag v. 3. Mai 1868); 3) Sachsen; 4) Württemberg; 5) Baden; 6) Hessen; 7) der thüringische Zoll- u. Handelsverein, welcher die preuß. Kreise Erfurt, Schleusingen, Ziegenrück u. Schmalkalden, das Großherzogth. S.-Weimar (ohne die Aemter Allstedt u. Ostheim, doch incl. Ort Melpers), die Herzogth. S.-Meiningen, S.-Koburg-Gotha (ohne die Aemter Königsberg u. Vollenroda), S.-Altenburg, die schwarzburg. Oberherrschaften u. die beiden reuß. Fürstenth. begreift; 8) Braunschweig mit 4 preuß. enclavirten Ortschaften; 9) Oldenburg (Herzogthum) mit dem preuß. Jahde-Gebiete u. einigen bremischen Gebietstheilen.

Im deutschen Zoll- u. Handelsvereine besteht ein gemeinsames Zoll- u. Handelssystem u. Freiheit des Verkehrs. Die hauptsächlichen Bestimmungen, welche der jüngste Vertrag vom 8. Juli 1867 über die Zolleinigung u. die Verfassung dieses Vereins enthält, sind in folgendem angeführt. Es sollen in den Gebieten der vertragenden Staaten übereinstimmende Gesetze über Eingangs- und Ausgangsabgaben, über die Durchfuhr, von der übrigens keine Zölle erhoben werden, über die Besteuerung des im Umfange des Vereins gewonnenen Salzes, Rübenzuckers u. Tabaks, sowie übereinstimmende Maßregeln zum Schutze des gemeinschaftlichen Zollsystems gegen den Schleichhandel u. der inneren Verbrauchsabgaben gegen Hinterziehungen bestehen. Der Ertrag der Eingangs- und Ausgangsabgaben, der Salzsteuer (die gemäß der Uebereinkunft vom 8. Mai 1867 an die Stelle des bisherigen Salzmonopols getreten ist), der Rübenzuckersteuer u. der Tabaksteuer ist in den Zollvereinsstaaten gemeinschaftlich und wird unter ihnen nach dem Verhältniße der Bevölkerung, deren Stand alle drei Jahre ausgemittelt wird, vertheilt. Die Verwaltung der gemeinschaftlichen Abgaben bleibt wol jedem Vereinsstaate innerhalb seines Gebiets überlassen, doch soll sie gleichmäßig organisirt sein und den Hauptzollämtern u. Directionsbehörden Vereinsbeamte beigegeben. Ein-, Aus- u. Durchgangsabgaben werden an den gemeinschaftlichen Landesgrenzen, nicht von den vertragenden Theile nicht erhoben u. es können alle im freien Verkehre des einen Gebiets bereits befindlichen Gegenstände auch frei u. unbeschwert in das andere Gebiet gegenseitig eingeführt werden, mit alleinigem Vorbehalte der im Innern der vertragenden Theile mit einer nicht gemeinschaftlichen Steuer belegten inländischen Erzeugnisse. Uebrigens werden die vertragenden Theile bestrebt sein, eine Uebereinstimmung der Gesetzgebung über die Besteuerung der in ihren Gebieten theils bei der Hervorbringung oder Zubereitung, theils unmittelbar bei dem Verbrauche mit einer nicht gleichmäßigen innern Steuer belegten Erzeugnisse, im Wege des Vertrags herbeizuführen, und bis dahin, wo dieses Ziel erreicht worden, werden sie hinsichtlich der vorbemerkten Steuern u. des Verkehrs mit den davon betroffenen Gegenständen gewisse gleiche Grundsätze beobachten. Die eben genannten Bestimmungen finden jedoch vorläufig keine Anwendung auf die Stadt Altona, den Flecken Wandsbeck u. 23 andere preußische Ortschaften, auf die beiden mecklenburgischen Staaten, deren Eintritt in den Zollverein jedoch demnächst bevorsteht, auf den oldenburgischen Hafenort Brale, auf die drei Hansestädte und auf 19 badische Ortschaften u. Höfe. — Die Gesetzgebung über die gemeinschaftlichen Angelegenheiten des Zollvereins, sowie über die in den Zollauschlüssen zur Sicherung der gemeinschaftlichen Zollgrenze erforderlichen Maßregeln wird ausgeübt durch den Bundesrath des Zollvereins als gemeinschaftliches Organ der Regierungen u. durch das Zollparlament als gemeinschaftliche Vertretung der Bevölkerungen. Die Uebereinstimmung der Mehrheitsbeschlüsse beider Versammlungen ist zu einem Vereinsgesetze erforderlich u. ausreichend. Der Bundesrath besteht aus den Vertretern der Mitglieder des Norddeutschen Bundes und der süddeutschen Staaten. In ihm führen Preußen 17, Bayern 6, Sachsen u. Württemberg je 4, Baden u. Hessen je 3, Mecklenburg-Schwerin u. Braunschweig je 2, jeder der übrigen norddeutschen Bundesstaaten je 1 Stimme, zusammen 58 Stimmen. Der Bundesrath bildet aus seiner Mitte dauernde Ausschüsse 1) für Zoll- u. Steuerwesen, 2) für Handel u. Verkehr, 3) für Rechnungswesen, in deren jedem außer dem Präsidium mindestens 4 Vereinsstaaten vertreten sind. Jedes Mitglied des Bundesraths hat das Recht, im Zollparlamente zu erscheinen u. muß daselbst auf Verlangen jederzeit gehört werden. Niemand kann gleichzeitig Mitglied des Bundesraths u. des Zollparlaments sein. Das Präsidium steht der Krone Preußen zu, welche in Ausübung desselben berechtigt ist, im Namen der vertragenden Theile Handels- u. Schiffahrtsverträge mit fremden Staaten einzugehen. Zum Abschlusse dieser Verträge ist die Zustimmung des Bundesraths u. zu ihrer Giltigkeit die Genehmigung des Zollparlaments erforderlich. Dem Präsidium steht es zu, den Bundesrath zu berufen, zu eröffnen, zu vertagen u. zu schließen. Die Berufung findet alljährlich statt. Der Vorsitz im Bundesrathe u. die Leitung der Geschäfte kommt dem dazu bestimmten Vertreter Preußens zu. Das Präsidium bringt die erforderlichen Vorlagen nach Maßgabe der Beschlüsse des Bundesraths an das Zollparlament, wo sie durch Mitglieder oder Commissarien des Bundesraths vertreten werden. Der Beschlußnahme des Bundesraths unterliegen die dem Zollparlamente vorzulegenden oder von demselben angenommenen gemeinsamen gesetzlichen Anordnungen, einschließlich der Handels- u. Schiffahrtsverträge; die zur Ausführung der gemeinschaftlichen Gesetzgebung dienenden Verwaltungsvorschriften u. Einrichtungen; Mängel welche bei der Ausführung der gemeinschaftlichen Gesetzgebung hervortreten; die von dem Ausschuß für Rechnungswesen vorgelegte schließliche Feststellung des Ertrags der Zölle, der Salz-, Rübenzucker- u. Tabaksteuer. — Das Zollparlament besteht aus den Mitgliedern des Reichstags des Norddeutschen Bundes u. aus Abgeordneten aus den süddeutschen Staaten, welche durch allgemeine u. directe Wahl nach Maßgabe des Gesetzes gewählt werden, auf Grund dessen die Wahlen zum ersten Reichstage des Norddeutschen Bundes stattgefunden haben. Doch ist es der Gesetzgebung der süddeutschen Staaten vorbehalten, über die Staatsangehörigkeit Bestimmung zu treffen, durch welche die Wählbarkeit zum Abgeordneten für das Zollparlament bedingt ist. Nach dem diesfalls in Bayern u. Württemberg, dort unterm 16. Nov. 1867, hier unterm 8. Febr. 1868 erlassenen Gesetze ist jeder unbescholtene bezieh. bayerische u. württembergische Staatsbürger Wähler, welcher das 25. Lebensjahr zurückgelegt hat und in Bayern dem Staate eine directe Steuer entrichtet; zum Abgeordneten wählbar ist jeder Wahlberechtigte, der das (bayerische, bezieh. württembergische) Staatsbürgerrecht seit mindestens 3 Jahren besitzt. In Baden ist nach dem Gesetze v. 25. Oct. 1867 jeder unbescholtene Staatsbürger eines zum Zollvereine gehörigen deutschen Staaten Wähler, welcher das 25ste Lebensjahr zurückgelegt hat; wählbar ist jeder Wahlberechtigte, der einem zum Zollvereine gehörigen Staate seit mindestens 3 Jahren angehört. Im Großherzogthume Hessen und zwar in den nicht zum Norddeutschen Bunde gehörigen Landestheilen dieses Staats ist nach dem Gesetze v. 28. Januar 1868 jeder unbescholtene Staatsbürger des Großherzogthums, welcher das 25ste Lebensjahr zurückgelegt u. in einem der südlich des Mains gelegenen Gebietstheile seinen Wohnsitz hat, Wähler; wählbar ist jeder Wahlberechtigte im ganzen Großherzogthume, doch kann Niemand gleichzeitig Abgeordneter für das Zollparlament u. den norddeutschen Reichstag sein. In den süddeutschen Staaten kommt 1 Abgeordneter auf 100,000 Seelen u. werden die Abgeordneten auf 3 Jahre gewählt. Die Verhandlungen des Zollparlaments sind öffentlich. Innerhalb seines Wirkungskreises hat das Zollparlament das Recht, Gesetze vorzuschlagen. Die Berufung, Eröffnung, Vertagung u. Schließung des Zollparlaments erfolgt durch das Präsidium. Die Berufung findet nicht in regelmäßig wiederkehrenden Zeitabschnitten, sondern kann statt, wenn das legislative Bedürfniß den Zusammentritt erforderlich macht oder ein Drittheil der Stimmen im Bundesrathe denselben verlangt. Das Zollparlament kann nicht ohne den Bundesrath berufen werden. Zur Auflösung desselben ist ein Beschluß des Bundesraths unter Zustimmung des Präsidium's erforderlich. Das Zollparlament beschließt nach absoluter Stimmenmehrheit; seine Mitglieder sind Vertreter des gesammten Volkes u. an Aufträge u. Instructionen nicht gebunden; sie genießen die constitutionelle Immunität; sie dürfen als Mitglieder des Zollparlaments keine Besoldung ob. Entschädigung beziehen. — Die vertragenden Staaten ertheilen Erfindungspatente u. Privilegien nur unter Beachtung der in der Uebereinkunft vom 21. Sept. 1842 festgestellten Grundsätze. In den Gebieten der vertragenden Staaten sind Stapel- u. Umschlagsrechte nicht zulässig. Durch Annahme gleichförmiger Grundsätze soll die Gewerbsamkeit befördert u. der Befugniß der Angehörigen des einen Staats, in dem andern Arbeit u. Erwerb zu suchen, möglichst freier Spielraum gegeben werden. Von den Angehörigen eines Vereinsstaates, welche in dem Gebiete eines

Deutscher Zoll- und Handelsverein.

andern Handel u. Gewerbe treiben oder Arbeit suchen, soll keine Abgabe entrichtet werden, welcher nicht gleichmäßig die in demselben Gewerbsverhältnisse stehenden eigenen Angehörigen unterworfen sind. Auch sollen beim Besuche der Märkte u. Messen zur Ausübung des Handels u. zum Absatze eigener Erzeugnisse oder Fabrikate in jedem Vereinsstaate die Angehörigen der anderen Vereinsstaaten ebenso wie die eigenen Angehörigen behandelt werden. Es soll für das Maßsystem u. soweit nöthig für das Gewichtssystem in den vertragenden Staaten die zur Förderung des gegenseitigen Verkehrs wünschenswerthe Uebereinstimmung herbeigeführt werden. (Gegenwärtig bildet die Einheit für das gemeinschaftliche Zollgewicht der Zollcentner zu 100 Pfund — 50 Kilogramm). Die Seehäfen der Staaten des Norddeutschen Bundes stehen dem Handel der Angehörigen aller Vereinsstaaten gleich offen. Endlich sollen sich die in fremden See- u. anderen Handelsplätzen angestellten Consuln eines oder des andern der vertragenden Theile der Angehörigen der übrigen Vereinsstaaten in vorkommenden Fällen möglichst mit Rath u. That annehmen. Der Zolleinigungs-Vertrag v. 8. Juli 1867 trat mit dem 1. Januar 1868 in Wirksamkeit. Er gilt zunächst bis zum letzten December 1877; doch soll er, sofern er nicht vor dem 1. Januar 1876 aufgekündigt wird, weiter auf 12 Jahre u. so fort von 12 zu 12 Jahren als verlängert angesehen werden.

Der gegenwärtig im Zollvereine in Geltung stehende Zolltarif datirt vom 1. Juli 1865. Nach demselben sind die Eingangszölle eingeschränkt u. ermäßigt u. sind bei der Ausfuhr nur Lumpen u. andere Abfälle zur Papierfabrikation einer Abgabe unterworfen.

Die Handels- u. Schiffahrtsverträge, welche der deutsche Zollverein in der neuesten Zeit abschloß, sind folgende: mit Paraguai v. 1. Aug. 1860, mit China v. 2. Septbr. 1861, mit Chile v. 1. Febr. 1862, mit Siam v. 7. Febr. 1862, mit der Türkei (Handelsvertrag) v. 20. März 1862, mit Frankreich v. 2. Aug. 1862, mit Belgien (Handelsvertrag) v. 22. Mai 1865, mit Großbritannien (Handelsvertrag) v. 30. Mai 1865, mit Italien (Handelsvertrag) v. 31. Dec. 1865, mit Oesterreich (Zoll- u. Zollvertrag) v. 9. März 1868, mit Spanien (Handels- u. Zollvertrag v. 30. März 1868); ferner sind hier zu nennen: von Preußen abgeschlossen der Freundschafts-, Handels- u. Schiffahrtsvertrag mit Japan v. 24. Jan. 1861, u. die Schiffahrtsverträge mit Belgien v. 28. März 1863 u. mit Großbritannien v. 16. Aug. 1865, endlich der Freundschafts-, Handels- u. Schiffahrtsvertrag zwischen dem Norddeutschen Bunde u. Liberia v. 31. Oct. 1867 u. der Schiffahrtsvertrag zwischen dem Norddeutschen Bunde u. Italien v. 28. Dec. 1867. — Der unter dem 24. Jan. 1857 zwischen den Zollvereinsstaaten einerseits, Oesterreich u. Liechtenstein andererseits abgeschlossene Münzvertrag ist in Bezug auf Oesterreich u. Liechtenstein mit dem Ablaufe des Jahres 1867 (zufolge Vertrags v. 13. Juni 1867) außer Wirksamkeit getreten.

Ueber den Handel des deutschen Zoll- und Handelsvereins in den Jahren 1864 und 1865 und zwar sowohl über den gesammten Waaren-Eingang und Ausgang, als auch über die Ein- und Ausfuhr im freien Verkehre (Einfuhr zum Verbrauche, Ausfuhr inländischer oder verzollter Waaren) geben wir für die wichtigeren Gegenstände nach den amtlichen „Uebersichten des Zollvereins" folgende Ziffern:

Waarengattung.	Zolleinheit.	Waaren-Eingang.				Waaren-Ausgang.			
		1864.		1865.		1864.		1865.	
		Gesammteingang.	In freien Verkehr traten.	Gesammteingang.	In freien Verkehr traten.	Gesammtausgang.	Darunter aus d. freien Verkehr.	Gesammtausgang.	Darunter aus d. freien Verkehr.
Getreide	Scheffel	18499538	11091732	18627928	14909822	20402007	13318628	19335200	15882866
Hülsenfrüchte	"	618908	312573	463629	430129	1637093	1309711	1038511	1005629
Reis	Zollctr.	603553	595718	862340	615321	230703	280	277816	894
Hopfen	"	33646	13506	56526	27115	83584	58467	89916	55597
Flachs, Hanf, Werg, Heede	"	431160	323792	530766	495201	389518	236827	438476	361018
Tabaksblätter und Stengel	"	919597	605238	1184056	626492	530415	163593	637345	124186
Tabakfabrikate	"	75583	21336	62940	20386	73825	43486	80013	44702
Raps und Rübsaat	"	1181868	1075964	208869	209566	977165	870839	67255	48762
Obst, getrocknet und gebacken	"	249063	208910	358257	282960	79917	31093	171142	100716
Wein, Most, Cider	"	418220	236648	539085	341498	529321	358154	460078	345738
Brennholz	Klafter	42609	42601	64317	64213	21069	21069	106424	106424
Bau- u. Werkholz	Stück	2262378	2062756	—	—	1409004	1408849	725339	725073
	Zollctr.	8185578	6181557	39815371	39762314	5833780	5820436	16823001	16803523
Farbehölzer	"	588648	563731	606002	589009	118818	91342	90939	66870
Pferde, Esel und Maulthiere	Stück	46897	45970	44081	42899	23163	20709	9910	8734
Rindvieh	"	121701	112927	131009	112624	161324	153178	189533	170796
Schafe und Ziegen	"	186827	88778	293691	93287	531442	482946	711454	610215
Schweine	"	456788	454963	627155	624871	125022	123160	184282	181982

Waarengattung.	Zolleinheit.	Waaren-Eingang. 1864. Gesammteingang.	In freien Verkehr traten.	1865. Gesammteingang.	In freien Verkehr traten.	Waaren-Ausgang. 1864. Gesammtausgang.	Darunter aus d. freien Verkehr.	1865. Gesammtausgang.	Darunter aus d. freien Verkehr.
Häute und Felle	Zollctr.	721459	563566	644551	579656	147149	69992	159436	99901
Butter	"	41072	27634	79554	44710	117116	103658	153743	116697
Käse	"	117851	44279	119174	45715	90445	10152	82029	11000
Schafwolle	"	687615	491248	909604	712419	374125	154794	295394	160031
Roheisen	"	2394193	2216592	4203406	3586739	611534	277486	612065	205350
Geschmied., gewalzt. u. faconn. Eisen	"	420639	217094	353168	184452	416420	137835	391217	115901
Eisenbahnschienen	"	136936	5154	226626	5704	229439	107047	260979	48033
Stahl	"	55087	46933	70952	49312	86702	69630	94596	69300
Kupfer u. Messing	"	129940	119949	168353	163920	31603	18992	39944	30510
Zinn	"	55551	47487	54747	51339	12756	6263	12765	7573
Zink	"	48600	1267	44930	32220	785685	750540	720338	717760
Blei und Glätte	"	27471	6873	59440	27452	348953	334087	472690	442054
Eisen- und Kupfervitriol	"	78469	68271	79837	70724	31631	20927	39383	32653
Schwefel	"	417302	390974	391392	375164	56562	54097	39401	37975
Steinkohlen	"	15139726	14671856	22327224	21790704	49411768	48775529	59740777	59246011
Salz	"	1634637	423173	2308362	731474	1557269	492670	1994939	849625
Maschinen	"	?	?	171878	152457	?	?	155547	57544
Eisen- und Stahlwaaren	"	673604	360541	577709	285145	1026326	678307	910832	629577
Töpferwaaren, Porzellan	"	82333	53151	52330	27449	205717	179445	198579	174514
Glas u. Glaswaaren	"	210257	78918	225061	115088	345395	225283	340901	227834
Soda	"	234690	101502	375145	199067	125892	9424	153964	10932
Chem. Fabrikate	"	86554	51558	64524	36421	251616	213345	189886	154390
Oele	"	1008766	873757	1442989	1232666	340165	202061	445493	157317
Zucker	"	426633	254016	952101	246165	344117	156674	794497	200615
Kaffee und Kaffeesurrogate	"	1773580	1398637	1845936	1455163	496808	91760	524435	38151
Thee	"	124357	14268	137533	14728	116356	3791	166401	1671
Bier und Meth	"	38091	14704	91650	62367	230751	209938	274314	242549
Branntwein, Rum 2c.	"	109766	51233	112768	57287	1008895	953354	876412	813450
Mehl u. Mühlenfabrikate	"	420617	371505	777775	723102	1069275	1020921	1208869	1160646
Seide	"	23306	28231	31204	25885	9632	3996	10244	4690
Seidenwaaren	"	38959	8993	34411	8529	57345	31945	64528	39664
Wollengarn	"	261736	227243	266093	225135	79527	38400	69047	32694
Wollenwaaren	"	95153	29827	112812	44585	399538	325366	325572	258586
Leinengarn und Zwirn	"	258528	217509	202329	186246	61245	22025	69165	37494
Leinenwaaren	"	116344	81539	121387	85628	164648	133623	213977	183818
Rohe Baumwolle	"	1135753	1018639	1319641	1199263	508208	255497	553919	232375
Baumwollgarn	"	241743	139429	345127	202607	182948	74843	225360	79027
Baumwollwaaren	"	151300	7094	148509	9726	329557	177555	326378	155789
Leder	"	36906	21124	40664	26018	88000	65190	97687	74131
Lederwaaren	"	12071	5180	10235	5150	36031	29831	35655	28536
Papier	"	47713	37017	43286	35321	222214	211431	294562	185347
Holzwaaren	"	237686	183994	277487	157911	309079	246895	341044	259936

(Abgeschlossen Ende Mai 1868).

Druck von C. P. Melzer in Leipzig.

Inhalt.

I. Norddeutscher Bund.

	Seite
Flächeninhalt und Bevölkerung	1
Bewegung der Bevölkerung	2
Wohnplätze	3
Nationalitäten	4
Religionsbekenntnisse	4
Land- und Forstwirthschaft	5

Ackerbau, Obstbau, Weinbau, Graslandbau, Waldcultur, Viehzucht 6. — Anstalten für den Bodencredit 7.

Bergbau, Hüttenwesen, Salinen	7
Gewerbliche Industrie	8

Maschinenbau 8. — Industrie in Transportmitteln, Instrumenten, Eisen und Eisenwaaren 9. — Industrie in sonstigen Metallen und Metall-Leguren, Thonwaaren, Glas und Glaswaaren, in sonstigen Arbeiten aus Steinen und Erden, in chemischen Producten 10. — Industrie in Nahrungsstoffen, Getränken, Tabakfabrikaten, Seide 11. — Industrie in Schafwolle, Flachs und Hanf 12. — Industrie in Baumwolle, Färberei von Garnen und Geweben und Stoffdruckerei 13. — Sonstige Zweige der Webe-Industrie. Industrie in Leder und Lederwaaren, in Papier und Papierarbeiten, in sonstigen animalischen und vegetabilischen Stoffen 14.

Handel und Verkehr	15

Aeußerer Handel; Einfuhr Hamburg's 15. — Einfuhr Lübeck's, Ein- und Ausfuhr Bremen's; Seeschifffahrt 16. — Land- und Wasserstraßen, Eisenbahnen; Banken und Anstalten für den Geschäfts- und industriellen Credit 17. — Post- und Telegraphenwesen 18.

Unterrichtsanstalten	18

Volksschulen, Gymnasien und Realschulen 18. — Universitäten, polytechnische Schulen, Fach- und Special-Lehranstalten 19.

Bundesverfassung	20

Zweck des Bundes und Bundesgesetzgebung 20. — Bundesrath; Bundespräsidium 21. — Reichstag; Schlichtung von Streitigkeiten und Strafbestimmungen 22.

Bundesfinanzen	22
Bundeskriegswesen	23

Wehrverfassung 23. — Landmacht 24. — Kriegs-Marine 25.

Verfassung der einzelnen Staaten	26

Staatsformen und Staatsoberhäupter 26. — Staatsbürgerliche Verhältnisse; Volksvertretungen (Landstände) 27. — Provinzial-, Bezirks- und Gemeindeverfassung 29. — Kirchliche Verfassung 30.

Staatsverwaltung in den einzelnen Staaten	31

Preußen 31. — Sachsen 33. — Mecklenburg, Oldenburg 34. — Thüringische Staaten, Braunschweig 35. — Anhalt, Waldeck-Pyrmont, Lippe, Schaumburg-Lippe, Hansestädte 36.

Finanzen der einzelnen Staaten	37

Inhalt.

II. Süddeutsche Staaten.

	Seite
Flächeninhalt und Bevölkerung	37
Bewegung der Bevölkerung	38
Wohnplätze	39
Nationalität und Religionsbekenntnisse	40
Land- und Forstwirthschaft	40

Ackerbau 40. — Sonstige Bodencultur und Viehzucht; Anstalten für den Bodencredit 41.

Bergbau, Hüttenwesen, Salinen	42
Gewerbliche Industrie	42

Industrie in Maschinen, Transportmitteln und Instrumenten 42. — Industrie in Eisen und Eisenwaaren, in sonstigen Metallen und in Metall-Leguren 43. — Industrie in Thonwaaren, in Glas und Glaswaaren, in sonstigen Arbeiten aus Steinen und Erden, in chemischen Producten 44. — Industrie in Nahrungsstoffen, in Getränken, in Tabakfabrikaten, in Seide, in Schafwolle 45. — Industrie in Flachs und Hanf, in Baumwolle, Färberei von Garnen und Geweben, Stoffdruckerei 46. — Sonstige Zweige der Webe-Industrie, Industrie in Leder und Lederwaaren, in Papier und Papierarbeiten, in sonstigen animalischen und vegetabilischen Stoffen 47.

Handel und Verkehr	47

Aeußerer Handel 47. — Landstraßen, Eisenbahnen, Telegraphen und Postwesen 48. — Banken und Anstalten für den Geschäfts- und industriellen Credit 48.

Unterrichtsanstalten	48

Volksschulen, Gelehrten- und Realschulen 48. — Universitäten, polytechnische Schulen, Fach- und Special-Lehranstalten 49.

Staatsverfassung	50

Staatsform und Staatsoberhaupt; staatsbürgerliche Verhältnisse; Volksvertretung 50; Kreis-, Bezirks- und Gemeindeverfassung 51. — Kirchliche Verfassung 52.

Staatsverwaltung	52

Bayern, Württemberg 52. — Baden 53. — Hessen, Liechtenstein 54.

Staatsfinanzen	54
Kriegsmacht	55

Wehrverfassung 55. — Truppenorganisation 56.

III. Großherzogthum Luxemburg.

Flächeninhalt, Bevölkerung, Hauptnahrungszweige, gewerbliche Thätigkeit	57
Handel und Verkehr, geistige Cultur, Staatsverfassung, Staatsverwaltung, Budget, Staatsschuld, Militär	58

IV. Deutscher Zoll- und Handelsverein.

Bestand desselben	59
Verfassung	59
Handels- und Schiffahrtsverträge	61
Handel 1864 und 1865	61